WEIZENKORN

Elemente zur Feier der Gemeindemesse
Lesejahr A

...nicht im Sturm

17. bis 21. Sonntag im Jahreskreis

Herausgegeben von
Hubert Ritt · Albert Damblon · Heinzgerd Brakmann

Verlag Katholisches Bibelwerk GmbH, Stuttgart

Wenn das Weizenkorn nicht in die Erde fällt und stirbt, bleibt es allein; wenn es aber stirbt, bringt es reiche Frucht. *Joh 12,24*

Wie dieses Brot zerstreut war auf den Bergen und zusammengebracht eins wurde, so laß auch deine Kirche von den Enden der Erde zusammengebracht werden in dein Reich. *Didache 9,4*

Bezugspreise:
Abonnement: DM 112,– im Jahr; Einzelpreis DM 16,30
Preise zuzüglich Porto. Preise einschließlich Mehrwertsteuer

Für die Texte aus den authentischen Ausgaben für den gottes-
dienstlichen Gebrauch erteilte die „Ständige Kommission für die
Herausgabe der gemeinsamen liturgischen Bücher im deutschen
Sprachgebiet" die Abdruckgenehmigung.

© 1984 Verlag Katholisches Bibelwerk GmbH, Stuttgart
Mit kirchlicher Druckerlaubnis
ISBN 3-460-26426-8
Gesamtherstellung: J. F. Steinkopf Druck+Buch GmbH, Stuttgart

Inhalt

I. ZUR EXEGESE

Mitarbeiter: *Karl Jaroš, Ivan Dugandžić, Maria Trautmann, Ingo Broer, Peter Hofrichter, Detlev Dormeyer, Hubert Ritt, Walter Radl*

II. ZUR LITURGIE

1. Zur Homilie

Mitarbeiter: *Bernd Grandthyll, Josef Pietron, Herbert Kaefer, Josef Anselm Adelmann, Ferdinand Kerstiens, Peter Hitzelberger, Josef Voß, Wolfgang Schwarz*

2. Zu Gebeten und Gesängen

Mitarbeiter: *Karl Martin Leicht, Martin Klöckener,*
Roland Schönfelder, Klaus-Bernd Müller, Maria Tigges-Mayer,
Angela Gamon, Heribert Lehenhofer

III. MATERIALIEN

I. Zur Exegese

BIBELARBEIT IN DER GEMEINDE

Die späten Sommertage sind die Zeit der ‚guten Vorsätze' für das Planen des Herbstprogramms der Arbeit in den Gemeinden. Mit Mut und Freude sollten immer mehr Pfarrer und Mitarbeiter im Gemeindeleben die Liebe zur Bibel wecken.

Jahrzehntelang hat das leuchtende Dreigestirn *„Bibel – Liturgie – Ökumene"* den Weg gebahnt, der zum Jahrhundertereignis der katholischen Kirche führte: zum zweiten Vatikanischen Konzil (1962–1965). Wie sieht es heute, zwanzig Jahre danach, in unseren Gemeinden aus? Ist die Liebe zur neuentdeckten Bibel unter den Katholiken wiederum erkaltet? Ist die Freude zum erneuerten Gottesdienst zu einer Routine geworden? Wird der sprühende Geist der ökumenischen Bewegung ausgelöscht? Die *christliche Einheit* in unseren Pfarrgemeinden könnte am schönsten zum Ausdruck gebracht werden, wenn die *Bibelarbeit,* und damit auch die Grundlage der Gottesdienste, *in gemeinsamer ökumenischer Verantwortung* getragen wird. Die Menschen warten darauf; vielleicht müssen die Pfarrer, die Kirchenleitungen, die Pfarrgemeinderäte, die Jugendgruppen mutiger aufeinander zugehen und die Initiative ergreifen. Jörg Zink beginnt sein interessantes Buch über die Bibelarbeit in der Gemeinde mit einem Bildwort, das genau in unsere Tage paßt: „Die Menschen treiben im Fluß und kämpfen mit dem Ertrinken – und die Leute der Kirche stehen am Ufer und fürchten sich, zuzufassen"[1]. Warum teilen wir Christen unsere Glaubenserfahrungen den anderen Menschen nicht mit? *Warum strahlen wir so wenig Hoffnung aus?* Wer »mit Christus auferweckt ist« (– dieses Motto haben wir dem Heft Weizenkorn A 4 gegeben –), muß immer mehr aus den Quellen des Gottvertrauens schöpfen: Aus dem Glaubenszeugnis der Heiligen Schrift. Von meiner jahrelangen Gemeindepraxis her möchte ich hier einige *Anregungen*

---

[1] *J. Zink,* Das biblische Gespräch. Eine Anleitung zum Auslegen biblischer Texte, Gelnhausen/ Berlin-Freiburg i. Br. 1978, S. 10.

für Bibelkreise, für die Bildungsarbeit der Erwachsenen und in Jugendgruppen geben:

1. Bibelarbeit hat nichts mit „pastoraler Betriebsamkeit" zu tun. Nicht der „Arbeitskreis Bibel" („im AK muß etwas los sein!") erneuert die Gemeinde; vielmehr müssen zuerst suchende und fragende Menschen das oft so harte Herz und den nur rationalen Verstand öffnen, um auf Gottes Wort zu „hören". Wir müssen also zunächst *„Hörer des Wortes"* sein. Die perfekteste „methodische Schulung" wäre für die Bibelarbeit viel zu wenig, denn nur die *Bereitschaft zur „Lebensgemeinschaft mit Christus"* bietet jene Geborgenheit, Wärme und Helligkeit des Gottesgeistes, der in einem Bibelkreis erfahrbar werden muß. Wenn jemand die biblischen Sprachen gelernt hätte (hebräisch und griechisch), wenn jemand die 1763 Sprachen beherrschte, in welche Teile der Bibel bis heute übersetzt und gedruckt worden sind, hätte aber – wie Paulus im 1 Kor 13,1 sagt – die Liebe nicht, so wäre er ein „dröhnendes Erz oder eine lärmende Pauke". Organisationstalent und fachliches Wissen allein genügen nicht; für unsere Gemeinden gilt dasselbe Wort, das Paulus an die Korinther schreibt: „Die Erkenntnis macht aufgeblasen, die Liebe dagegen baut auf" (1 Kor 8,1). *Wer zu einem Bibelkreis kommt, muß sich „daheim" fühlen, muß dort „angenommen werden".* Jesus hat keine gelehrten „Vorlesungen" gehalten, sondern in seiner Nähe wußten sich die Menschen – selbst die großen Sünder – wirklich „geborgen".

2. Dennoch *muß ein Bibelkreis mit größter Sorgfalt und sehr langfristig vorbereitet* werden. Jedes Jahr soll *ein zusammenhängendes Thema* in etwa acht bis zehn Runden von je 90 Minuten Länge behandelt werden. Eine kleine – möglichst ökumenische – Arbeitsgruppe muß *Fragen* vorbereiten, die an einen ganz bestimmten Text gestellt werden sollen. Es ist dringend nötig, daß sich die Teilnehmer zu Hause mit den Perikopen beschäftigen und auch den Kontext des biblischen Buches kennen. Das heißt praktisch: Man darf keine Mühe scheuen, wenn man zwei Wochen vor jeder Bibelrunde den Teilnehmern ein *Einladungsblatt* übermittelt, auf dem die Fragen, wichtige Informationen (aus der Zeitgeschichte, zur literarischen Gestaltung der Texte usw.) angeführt sind. Auch die wichtigsten zusammenfassenden Ergebnisse der vorangegangenen Bibelrunde sollen in guter graphischer Darbietung auf diesem Blatt stehen. Die Pfarrbücherei soll nach Möglichkeit eine zum Thema passende *Literatur* bereitstellen. *Predigtgespräche* sollen dieses Thema in den Mittelpunkt des Gemeindeinteresses rücken. *Kinder- und Jugendgottesdienste, Gebetskreise mit Senioren* und *Jugendlichen* können Schwerpunkte aus dem themabezogenen Bibelkreis in ihr

Programm aufnehmen. Die *audiovisuellen Medien* (Dias, ein kurzer Filmbericht, gesprochene oder gesungene hebräische und griechische Texte usw.) müssen lange Zeit geplant, klug ausgewählt und termingerecht bestellt werden. Das beste Richtmaß für das Gelingen solcher Veranstaltungen ist das Urteil von Teilnehmern: „Ich freue mich den ganzen Monat auf diesen Abend im Bibelkreis." Das Einplanen eines *Meditationsabends,* einer gewissenhaft vorbereiteten *Bildungsfahrt,* einer *fröhlichen Veranstaltung, solidarischer Hilfe* beim Auftreten von unvorhergesehenen Problemen für ein Mitglied der Runde, das gemeinsame *Mittragen* und *Teilen des Schicksals* innerhalb dieses Freundeskreises, all dies gehört zu einem echten Bibelkreis. Und dennoch muß man mit größtem Einfühlungsvermögen und mit geringster Aufdringlichkeit die Kontakte unter den Mitgliedern pflegen und alle Spannungen abbauen. Der *Leiter* der Runde muß sich intensiv mit seiner Thematik beschäftigen, er muß ein einfallsreicher Mensch sein und dennoch soll er auch in den Diskussionen immer nur im *Hintergrund* bleiben.

3. Aus einem praktischen Beispiel könnten wir für unsere *„Osterpredigt"* einiges lernen.

Das Jahresthema war: *„Die Auferstehung Jesu".*

1. Abend (September): Das Evangelium des Paulus: „Gott hat Jesus, den Gekreuzigten, von den Toten auferweckt". Wir sind am Beispiel von Röm 10,9 (Gal 1,1; 2 Kor 4,14; Röm 4,24; 8,11) von den ältesten Bekenntnissen der hellenistisch-judenchristlichen Gemeinde ausgegangen. Es wurde von Anfang an das hoffnungsvolle Handeln Gottes in der Auferstehung Jesu sichtbar, denn *Gott ist kein Gott der Toten, sondern der Lebenden.* Diese (straff stilisierten und liturgisch geformten) *„Glaubensformeln"* haben uns zugleich die Möglichkeit geboten, einen Blick in die paulinischen Gemeinden zu werfen.

2. Abend (Oktober): Mit dem konkreten Text *1 Kor 15,3–5* haben wir versucht, das *Osterkerygma* zu erklären. Es war nötig, das ganze Lehrkapitel 1 Kor 15 zu kennen, denn für Paulus folgt *aus* der Auferstehung Christi die Auferstehung aller Gläubigen; er spricht von der „Verwandlung" (V. 51) der Glaubenden. Den Text 1 Kor 15,3–5 haben wir genau gegliedert (vierteilige Aussage: Christus ist „gestorben", „auferweckt worden", „begraben", „erschienen"); wir haben andere mehrgliedrige Aussagen (Eph 1,20; 1 Petr 1,21; Röm 8,34) und vor allem die Taufaussagen (Röm 6,3f; Kol 2,12) beachtet und haben uns lange mit der *Offenbarungsformel „er ist erschienen"* beschäftigt; wir haben gesehen, daß der Auferstandene mit dem gekreuzigten Jesus von Nazaret identisch gesehen wird. Der Gott der Hoffnung (Röm 15,13) hat in der Auferweckung und Verherrlichung Jesu Frieden und Versöhnung mit der Welt gestiftet. Wie trostvoll ist die Beschäftigung mit diesen Texten vor dem Monat November mit seinen Gedächtnistagen unserer Toten.

3. Abend (November): Dieses Bekenntnis *„Jesus lebt"* wurde literarisch verschieden gestaltet. Deshalb haben wir jetzt versucht, *die Bedeutung der Ostergeschichten* zu erschließen. Mit einer gut vorbereiteten Textsynopse von Mk 16,1–8 und den Parallelen haben wir die zentrale Aussage (V. 6) herausgearbeitet: *Jesus „wurde auferweckt"!* Es handelt sich um eine *„Bekenntniserzählung"*: Nicht die historischen Fakten stehen im Mittelpunkt, sondern die *Deutung der geschichtlichen Tat Gottes* wird eindrucksvoll in Erinnerung gerufen. Diese Tatsache wird in der literarischen Form der Engelserscheinung erzählt, so daß wir auch von einer „Epiphaniegeschichte" sprechen können: Gott wird *„offenbar" als „Gott des Lebens"!* Die Oster*botschaft* („Gott hat Jesus, den Gekreuzigten, von den Toten erweckt") ist weitaus wichtiger als der Oster*bericht* (historischer Haftpunkt: der Grabbesuch der Maria von Magdala mit anderen Frauen am Ostermorgen).

4. Abend (Dezember): Das Interesse wurde immer lebendiger, so daß sich nun verschiedene Gruppen mit der weiteren formgeschichtlichen Frage beschäftigten: Wie wurden diese Epiphaniegeschichten in den Geschichten vom leeren Grab von Matthäus und Johannes weiterentwickelt? Wie sind die *Erscheinungsberichte* zu verstehen? Die Gruppenerscheinungen vor den „Zwölf", z. B. Mt 28,16–20, die Erscheinung vor einzelnen Jüngern, z. B. Lk 24,13–35. Das Ziel dieses Abends war, in den Teilnehmern die Freude am selbständigen synoptischen Arbeiten zu wecken: Zuerst muß jeder am Text eigene Beobachtungen machen, niemand darf das Staunen verlernen, jeder muß versuchen, verschiedene „Erklärungen" dieser Textüberlieferungen zu geben. Der Leiter der Runde hat die Pflicht, gute Informationen der Form- und Gattungsgeschichte einzubringen[2].

5. und 6. Abend (Januar, Februar): Besonders eindrucksvoll war in der Zeit nach Weihnachten ein *Meditationsabend* mit Bildern, welche die Auferstehung Jesu „deuten" (z. B. aus der Dia-Serie von J. Zink). Die christliche Osterbotschaft mit ihrer hoffnungsreichen Lebenskraft muß als „innerer Reichtum angeeignet werden". *Die*

---

[2] Einige gute und weitverbreitete Hilfen:
G. Lohfink, Jetzt verstehe ich die Bibel. Ein Sachbuch zur Formkritik, Stuttgart [12]1983.
A. Läpple, Von der Exegese zur Katechese. Werkbuch zur Bibel, 4 Bände, München, 1975–1977.
F.-J. Hungs, Einführungskurs Bibel, Zürich–Köln 1982.
Für unser Thema der „Osterpredigt":
J. Kremer, Die Osterevangelien – Geschichten um Geschichte, Stuttgart [2]1981.

Sprache der Bilder ist ein unentbehrlicher Weg zur Wahrheit. Dann – im Karneval – hat ein froher Abend die begeisterte Gruppe in einer fröhlichen Atmosphäre versammelt; wer sich mit der österlichen Frohbotschaft beschäftigt, darf mit Recht sagen: „Ich will jubeln über den Herrn und mich freuen über Gott, meinen Retter" (Hab 3,18).

7. Abend (März): Die lange Beschäftigung mit den Ostergeschichten erlaubte nun den Teilnehmern bereits ein reifes Verständnis der *„Himmelfahrtserzählung"* (Lk 24,50–53; Apg 1,9–14) als „Entrückungsgeschichte", wie wir sie im biblisch-jüdischen Bereich (Elija, Henoch, Esra...) und profan-hellenistischen Gebiet (Herakles, Alexander d.Gr., Augustus, Romulus...) kennen. Christen dürfen nicht untätig „in den Himmel starren" und fragen, „wann der Herr kommt"; das wäre falsch. Christen müssen vielmehr jetzt – in der „Zeit der Kirche" – ein mutiges *Lebenszeugnis für Christus* ablegen!

8. Abend (April): Bis Ostern wurden wir nun vorbereitet, die Todesstunde Jesu am Kreuz – in der *Deutung des Johannesevangeliums* – zugleich als „Erhöhung" und „Verherrlichung" zu begreifen. Unsere lange „christologische" Arbeit war der notwendige Hintergrund für die gut vorbereitete Lektüre von Joh 20. Es wurde uns immer deutlicher, daß der „erhöht-lebendige" Christus – unser Heil – bereits in der tiefsten Erniedrigung – seinem Kreuzestod – zugleich „verborgen" *und* „offenbar" wurde.

9. Abend (Mai): Die letzte Bibelstunde führte uns als *Bildungsfahrt* zu den schönsten „biblischen" Darstellungen der Ostergeheimnisse in der Diözese Würzburg; *als Höhepunkt feierten wir den Gottesdienst* unter dem „Gnadenstuhl" von Tilman Riemenschneider in der Magdalenenkirche in Münnerstadt: Gott-Vater hält den geopferten Sohn als höchste Gabe des Heiles für die Glaubenden. Unsere Antwort war: „Deinen Tod, o Herr, verkünden wir, und deine Auferstehung preisen wir, bis du kommst in Herrlichkeit!"

Die ökumenische Bibelarbeit war ein wirkliches Erlebnis!

Hubert Ritt

17. SONNTAG IM JAHRESKREIS

1 Kön 3,5.7–12

Der Offenbarungstraum Salomos in Gibeon
Unsere Perikope ist eine Auswahl aus dem Text 1 Kön 3,4 – 4,1. Zum besseren Verständnis sollte der gesamte Text studiert werden.

Nachdem David die Frage seiner unmittelbaren Nachfolge lange nicht entschieden und eher nachlässig behandelt hatte, kam Salomo, der Sohn Davids von Batseba, durch eine Hofintrige als Mitregent auf den Thron. Als sein Vater David 965 v.Chr. gestorben war, brachte Salomo mit Brutalität das Königtum fest in seine Hand. Sein Königtum war jedoch durch Jahwes Zeichen nicht beglaubigt, bedurfte aber nach altisraelitischer Tradition dieser Beglaubigung.

Die Erzählung von der Traumoffenbarung Salomos in Gibeon sollte diese nun liefern.

Wie die Erzählung heute vorliegt, ist sie mit späteren deuteronomistischen Zusätzen bereichert (VV. 7. 8.9b.10.11.12a). Für die *alte Erzählung* bleibt etwa folgender Text:

V. 5 In Gibeon erschien Elohim Salomo im nächtlichen Traum. Da sprach Elohim: Bitte, was ich dir geben soll.

6 Salomo antwortete:

9 So mögest du deinem Knecht ein verständiges Herz geben, damit er dein Volk regiere und zwischen gut und schlecht unterscheide.

11 Da sprach Elohim zu ihm:

12 Siehe, ich gebe dir ein weises und einsichtiges Herz.

Diese alte Erzählung, die noch aus salomonischer Zeit stammen kann und auf eine gibeonitische Lokaltradition zurückgehen wird, setzt formgeschichtlich betrachtet das *judäische Königsritual* voraus, zu dem es gehört, daß dem neuen König eine Bitte von Jahwe gewährt wird (vgl. Ps 2,8; 21,3.5).

Salomo geht für die Gewährung dieser Bitte nach Gibeon (heute: el-Dschib, 9 km nordwestlich von Jerusalem), eine für die israelitische Frühgeschichte wichtige Stadt, in der sich ein altes kanaanäisches Heiligtum befand, das dann wie viele andere Heiligtümer des Landes von den Israeliten als Jahwe-Heiligtum gedeutet wurde.

Mit diesem Gang zum Heiligtum tritt der König in die Spuren der Erzväter Israels, übt darüber hinaus aber einen allgemein bekannten kanaanäischen Brauch, an ein Heiligtum zu gehen, zu opfern, um im Traum eine Offenbarung der Gottheit zu erlangen (vgl. den ugaritischen Text I K 26ff).

Für den Altorientalen waren Träume nicht Schäume, sondern eine Möglichkeit des Hereinbrechens der Transzendenz in die Welt. Das

Alte Testament selber steht dem Traum meist sehr positiv als Möglichkeit der Offenbarung gegenüber. Erst der Prophet Jeremia (Jer 23,25ff; 27,9; 29,8) lehnt den Offenbarungstraum ab.

Im Traum erwartet sich der König die Erfüllung seiner *Bitte nach einem „hörenden, verständigen" (= weisen) Herzen.* Diese Bitte ist im umfassenden Sinn zu verstehen. Nach der hebräischen Vorstellung ist das Herz Sitz der geistigen Aktivitäten des Menschen. Solche von Gott kommende Weisheit, ein Herz, das nicht nur auf sich selber, sondern auch auf den anderen hört, ist die Voraussetzung, das Gottesvolk zu richten, zu regieren und zwischen gut und böse zu unterscheiden. „Gut und Böse" ist hier nicht nur im ethischen Sinn zu verstehen, sondern im weitesten Sinn als alles Nützliche und alles Schädliche. Wie der erste Mensch in seinem Streben nach Autonomie die Früchte vom Baum der Erkenntnis des Guten und Bösen aß (Gen 3), doch nicht die ersehnte Autonomie erreichte, sondern nur die Erkenntnis seiner Schutzlosigkeit erlangte, so kann der Mensch, insbesondere der König von Juda, um eine solche Autonomie nur Jahwe bitten. Und die Bitte wird gewährt.

Die späteren, ausführlichen, deuteronomistischen Erweiterungen haben die alte Erzählung nicht nur ergänzt, sondern auch neue Tendenzen hineingetragen. Der Bezug auf David, den der Deuteronomist als Vorbild der Könige ansieht und an dem er die Nachfolger mißt, durfte nicht fehlen. Salomo wird ohne Jahwes Beglaubigung als hilflos verstanden. Israel ist zwar das erwählte Volk Gottes, doch die lange Geschichte, auf die der Deuteronomist bereits zurückblickt, zeigt, daß es auch ein schwieriges Volk ist, das zu regieren die menschlichen Qualitäten eines Königs übersteigt. Nach dem Deuteronomist bittet Salomo nicht vordergründig um langes Leben, Reichtum etc. All dies wird ihm aber gewährt, weil er zuerst das Richtige, „Weisheit", erbeten hatte. Die Zusage des langen Lebens ist dabei an den Gehorsam gegen Gottes Gebot gebunden.

Vers 15 steht in Spannung zu Vers 4, wo Salomo in Gibeon Opfer darbringt. Da es nach der Deuteronomischen Reform um 620 v. Chr. nur mehr Jerusalem als das Eine Heiligtum geben darf, an dem legitim Opfer dargebracht werden können, wird in Vers 15 betont, daß der König nach der Traumoffenbarung vor der Bundeslade in Jerusalem Opfer darbringt. So schaffte der Deuteronomist einen Ausgleich zu Vers 4, der ihm von der Tradition vorgegeben war und den er nicht umgehen konnte.

Karl Jaroš

Röm 8,28–30

Mit dem bei Paulus geläufigen „wir wissen" wird ein Lehrsatz nach jüdischer Art eingeleitet. Das „Wissen" ist – wie schon in Vers 22 – ein Wissen des Glaubens (vgl. auch Röm 2,2; 3,19; 7,14). Nur der Glaubende kann in der Gewißheit leben, *daß Gott hinter den Leiden und Prüfungen seines Lebens verborgen steht und alles zum Guten lenkt.*
Hier entwickelt Paulus weiter, was er schon 5,2ff gestreift hat: *Bewährung in der Bedrängnis.* Das durch den Geistbesitz erlangte Heil ist für den Apostel solchermaßen gegenwärtige Wirklichkeit und eine so feste Hoffnung, daß er nicht nur die Bedrängnis nicht zu fürchten braucht, sondern sich ihrer geradezu rühmen kann (5,3). In unserer Perikope will er zeigen, daß die Leiden und Bedrängnisse keinesfalls gegen den ewigen Ratschluß Gottes sprechen, sondern im Gegenteil, sie sind von Ewigkeit her eingeplant.
Das „Gute", zu dem Gott alles im christlichen Leben wendet, ist in diesem Zusammenhang nicht irgendein irdisches Gut, sondern jenes Gut, das in der Herrlichkeit (Doxa) dem Christen anfänglich schon zugesprochen wurde, jedoch in seiner vollendeten Gestalt noch aussteht.
Der Ausdruck *„Gott lieben"* ist bei Paulus selten (1 Kor 2,9; 8,3), während er oft von der Liebe Gottes zu den Menschen spricht. Indem er diese menschliche Liebe zu Gott in Verbindung mit seinem ewigen Heilsplan bringt, läßt er erkennen, wie er sie versteht. Das ist keine bloße Emotion, sondern vielmehr eine feste glaubende Antwort auf sein Zuvorkommen in Jesus Christus. Denn diejenigen, die Gott lieben, sind von ihm in Christus schon geliebt, sie sind von ihm berufen. Im Briefeingang bezeichnet sie Paulus als „berufene Heilige" (Röm 1,7; vgl. 1 Kor 1,2). So ist der Grund, warum den Christen alles zum Guten wird, doch nicht in ihnen, sondern in Gott und seinem ewigen Plan.
Dieser *Heilsplan* wird nun in einer fünfgliedrigen Kettenreihe dargelegt. Alle, die nach diesem Plan Christen geworden sind und zur Gemeinde gehören:
– hat er im voraus erkannt (V. 29a);
– hat er im voraus bestimmt (V. 29b);
– hat er auch berufen (V. 30a);
– hat er auch gerecht gemacht (V. 30b);
– hat er auch verherrlicht (V. 30c).
Die beiden ersten Glieder meinen inhaltlich dasselbe, denn das göttliche Erkennen schließt zugleich auch das Anerkennen oder für sich Bestimmen ein (vgl. 1 Kor 8,3; 13,12; Gal 4,9). Mit „berufen" denkt Paulus an jenen konkreten Ruf, der einmal in der Botschaft des Evangeliums an die Menschen erging und weiter ergeht. Das ist der Ruf in

der Gemeinschaft mit Christus (1 Kor 1,9), zum Evangelium (Gal 1,6), in die Freiheit (1 Kor 7,17ff; Gal 5,13), in den Frieden (1 Kor 7,15).

Daß Gott seine Liebe den Menschen erwiesen hat, indem er sie durch das Blut Christi gerecht gemacht hatte, wurde schon in Röm 5,8f gesagt. Diese Tat Gottes ist der Grund für die Hoffnung auf die endgültige und volle Gerechtigkeit (5,9–18; vgl. Gal 5,5).

Das letzte Glied dieser Reihe wirkt im gewissen Sinn überraschend: „Die er aber gerecht gemacht hat, die hat er auch verherrlicht" (V. 30c). Man hätte eigentlich den Wechsel von Aorist zum Futurum erwartet. Paulus bleibt jedoch beim Aorist und bringt damit zum Ausdruck, daß die Herrlichkeit (Doxa) für ihn nicht nur eine Sache der Hoffnung und der Zukunft ist. So wie sie auf dem Antlitz Christi aufgestrahlt ist (2 Kor 4,4ff), so strahlt sie nun vom Antlitz eines jeden, der sich dem Herrn zuwendet (2 Kor 3,16ff).

Die Christen sollen nach dem ewigen Heilsplan Gottes „an Wesen und Gestalt seines Sohnes teilhaben" (V. 29b). Dahinter steht wieder der Gedanke der *Auferstehung Christi,* der in diesem Kapitel von zentraler Bedeutung ist (vgl. Röm 8,11). Sie ist Inhalt der christlichen Hoffnung, und sie heißt ebenfalls *Auferstehung des Fleisches.* Das ist das letzte Ziel der Christusgemeinschaft.

Ivan Dugandžić

Mt 13,44–52

1. Die *Gleichnisse vom Schatz und von der Perle* aus dem matthäischen Sondergut (13,44–46) werden mit Recht aus stilistischen wie inhaltlichen Gründen als Doppelgleichnis, als Gleichnisse mit synonymer Aussage bezeichnet. Beide handeln (1a) von einem verborgenen Wertgegenstand (in einem Acker vergrabener Schatz bzw. besonders wertvolle Perle), (1b) vom unverhofften Finden desselben, (2a) vom Hingehen des Finders und Verkaufen all seines bisherigen Besitzes und (2b) vom Kaufen dieses neuen Wertobjektes.

Jesus erzählt von einem ungeheuren Glücksfall. Der verborgene Wert wird nicht durch Suche, durch eigene Anstrengung – auch im zweiten Beispiel sucht der Kaufmann ja nur schöne Perlen, entdeckt jedoch die überaus wertvolle Perle – aufgespürt, sondern er findet sich unerwartet. Er hat sich unvermutet geoffenbart. Dieses ‚Schauen' des Geoffenbarten führt zu dem Wunsch, es auch ‚in Besitz zu nehmen', es für immer zu haben, es nicht mehr hergeben zu müssen. Darum erzählen die beiden Gleichnisse absichtlich und betont: Der Mann verkauft alles, was er besaß, und kauft das Gefundene. Der Fund wird durch Verkauf des ‚Alten‘ und Kauf des ‚Neuen‘, also durch Tausch zum endgültigen Besitz.

Jesus erzählt die beiden Gleichnisse als *Gleichnisse vom Himmelreich*. Mit diesem Reich Gottes verhält es sich so, daß es sich Menschen unerwartet, geschenkhaft, *als der größte Wert* ihres Lebens offenbart. Sinnantworten ihres bisherigen Lebens tragen dann für die Zukunft nicht mehr, und werden deshalb abgelegt. Sinnerfahrung und Handeln des Menschen geschehen von nun an von diesem Reich Gottes her.

Das Doppelgleichnis will seine Hörer und Leser einladen, sich zu öffnen für die Offenbarung Gottes in Jesus Christus (vgl. auch 13,35) und, überwältigt dann von diesem wertvollen, gnadenhaft zugekommenen Fund, das Leben von diesem Reich Gottes her umzuorientieren.

2. 13,47–50 weist eine markierte Zweigliedrigkeit auf: das eigentliche *Gleichnis vom Fischnetz* in Vers 47f, und die *Gerichtsdeutung* in Vers 49f. Das Gleichnis vom Fischnetz ist stilistisch-struktural gleich wie das vorangehende Doppelgleichnis vom Schatz und von der Perle gestaltet und dürfte ebenfalls dem matthäischen Sondergut entnommen sein. Inhaltlich erinnert es sehr stark an das Gleichnis vom Unkraut unter dem Weizen (13,24–30). Wie Unkraut und Weizen eine Zeitlang nebeneinander bestehen, so sammeln sich in dem sich füllenden Netz Fische aller Art, gute und schlechte. Zur Zeit der ‚Ernte‘, wenn die vollen Netze ans Ufer gezogen sind, erfolgt jedoch mit Gewißheit die Trennung von ‚gut‘ und ‚schlecht‘ und die Vernichtung der Schlechten. *Geduld* ist also angebracht; der Mensch soll dem eschatologischen Urteil Gottes nicht vorweggreifen. Die anschließende Gerichtsschilderung stellt sicher eine matthäische Ergänzung dar; sie ist der Deutung des Unkrautgleichnisses (13,36–43) parallelisiert: Die Verse 49a.50 sind identisch mit den Versen 40b.42; Vers 49b entspricht den Versen 41.43.

Matthäus führt mit dieser Gerichtsdarstellung, die die gesamte Gleichnisfolge abschließt, seiner Gemeinde noch einmal die eschatologische Tragweite einer Entscheidung gegen das Reich Gottes vor Augen und ermahnt somit nachdrücklich zum *Engagement für das Reich Gottes*.

3. In den zwei abschließenden redaktionellen Versen 51.52 des matthäischen Gleichniskapitels fragt Jesus noch einmal direkt die Jünger, ob sie dies alles verstanden hätten. Am *Verstehen der Reich-Gottes-Verkündigung* hängt alles; dieses Verstehen impliziert ein *neues Verhalten* entsprechend dieser Botschaft (vgl. 13,23.44.46). Das Bildwort in Vers 52 vergleicht den christlichen Schriftgelehrten, also den, der nach Sir 39,3 „den verborgenen Sinn der Gleichnisse er-

forscht", der nicht Rabbi, sondern Jünger des Himmelsreiches geworden ist, mit einem Hausherrn, der aus seinem reichen Vorrat Altes und Neues hervorholt. Dieses Wort fordert dazu auf, das Gotteswort des Alten Testaments unter dem Blickwinkel der Reich-Gottes-Botschaft Jesu neu zu bedenken, wie Matthäus in den Antithesen der Bergpredigt aufzeigt (5,17–48). Es besagt aber auch, diese Verkündigung Jesu nicht als festgeschriebene Größe einfach zu tradieren, sondern – wie Matthäus es im Gleichniskapitel selbst getan hat – sie in der Zeit der Kirche *als lebendiges Wort* in die jeweilige Gegenwart zu interpretieren und zu gestalten.

Maria Trautmann

Einige Literaturhinweise zur Beschäftigung mit den Gleichnissen Jesu:

H. Kahlefeld, Gleichnisse und Lehrstücke im Evangelium, Frankfurt a. M., Knecht (einbändige Sonderausgabe) 1981.

O. Knoch, Wer Ohren hat, der höre. Die Botschaft der Gleichnisse Jesu. Werkbuch zur Bibel, Stuttgart 1983.

J. Jeremias, Die Gleichnisse Jesu, Göttingen, ⁹1977.

Didaktisch wertvolle Hinweise gibt:

G. Baudler, Zum Mitgehen bewegen. Zur Didaktik der Gleichnisse Jesu, in: *H. Bürkle–G. Becker* (Hrsg.), Communicatio fidei (Festschrift für E. Biser), Regensburg 1983, S. 77–87.

18. SONNTAG IM JAHRESKREIS

Jes 55,1–3

Die Zeit des Heils ist nahe
Jes 55,1–3 entstammt dem sogenannten *Deuterojesaja,* der im letzten Drittel des Babylonischen Exils wirkte und dessen Verkündigung sich in den Kapiteln 40 – 55 des Jesaja-Buches niedergeschlagen hat. Sein Grundanliegen ist, *daß das Hier und Heute entscheidend* sind. Hier und heute vollzieht sich bereits *die Wende zum Heil.* Diese Präsenz des Heiles kommt auch in unserem Text zur Sprache.

In den Versen 1–3 tritt eine Häufung von Imperativen auf, die die Heilsankündigung von Vers 3b einleiten. Die Exilierten werden zu kostenlosem Trinken und Essen aufgefordert. Diese Aufforderung ist in ein Bild gekleidet, das der Prophet den orientalischen Marktschreiern abgeschaut haben könnte, die ihre Getränke und Speisen feilbieten. Speisen und Getränke, die diese Verkäufer anbieten, kosten Geld und sättigen nur die leiblichen Bedürfnisse. Speise und Trank, wie sie der Prophet meint, sollen aber den ganzen Menschen sättigen und sind nicht mit Geld zu erwerben: d. h. wer der Einladung des göttlichen Wortes folgt, auf den wartet die Fülle des Lebens. „Zu Gottes Rettung tritt Gottes Segen"*(C. Westermann).* Das, wozu in Vers 1–3a eingeladen wird, folgt in Vers 3b: Gott wird mit den Exilierten einen dauernden Bund schließen.

Wurde einst eine solche Zusage nur dem Haus David gegeben (2 Sam 7,8–16), so jetzt ganz Israel. Die Geschichte hat ja Israel gelehrt, daß die göttliche Zusage an David und an seine Dynastie mit der Zerstörung Jerusalems und Judas durch die Neubabylonier im Jahre 587/86 v. Chr. an ihr Ende gekommen zu sein schien (vgl. auch Ps 89). Diese bittere Erkenntnis ließ einerseits die Hoffnung auf das Kommen des endzeitlichen Davidssohnes, des Messiaskönigs erstehen und andererseits die hier von Deuterojesaja vorgetragene Meinung, daß sich die davidische *Verheißung an ganz Israel* vollziehen werde. Hierbei vertröstet der Prophet sein Volk nicht auf einen in Zukunft kommenden Messias, sondern sagt, *daß sich die kommende Heilstat Gottes jetzt und heute an seinem Volk zu verwirklichen beginnt.*

Karl Jaroš

Röm 8,35.37–39

Zum Abschluß des achten Kapitels kommt Paulus in seiner leidenschaftlichen Weise noch einmal auf die „Leiden der gegenwärtigen Zeit" (V. 18) zurück. Der letzte Abschnitt beginnt im Vers 35 mit einer „triumphalen Frage" *(E. Biser,* Zeuge, S. 120), die paulinische Rhetorikkunst verrät, in der Tat aber eine mächtige Aussage darstellt, die Zuversicht und Gewißheit vermitteln soll: „Was kann uns scheiden von der Liebe Christi?" (V. 35a). Unter dem Begriff *„Liebe Christi"* ist *das ganze Heil,* das die Christen durch Erlösung in Christus erfahren haben, zu verstehen. Das ist bei Paulus ein äußerst seltener Begriff (nur noch Gal 2,20; vgl. Eph 5,2). Im Vers 39 ist von der „Liebe Gottes" die Rede, die „in Christus Jesus ist, unserem Herrn"! Diese Liebe hat sich mächtiger erwiesen als der Tod Jesu und sie ist stärker als alle Drangsale, die in „diesem Äon" die Christen noch bedrängen. Sie ist Grund dafür, daß Paulus von der Liebe der Christen zu ihm sprechen kann (vgl. V. 28).

Im Vers 35b ist eine ganze Reihe von diesen Drangsalen angeführt. Mit seinem eigenen *Leiden* steht Paulus dahinter als Beispiel möglicher Leiden jedes einzelnen Christen. Es ist nur ein Teil dessen, was er auf Herausforderung seiner Gegner in 2 Kor 11,23–28 aufgezählt hat. Die Leiden des Apostels im Dienst aller Gemeinden (2 Kor 11,28) waren so groß, daß Paulus sich „um Jesu willen dem Tod ausgeliefert" sah (2 Kor 4,10).

Nachdem nun im Vers 36 ein alttestamentliches Schriftwort als *Trost für die leidenden Christen* zitiert wurde, gibt Paulus die Antwort auf die Frage von Vers 35a: „Doch all das überwinden wir durch den, der uns geliebt hat" (V. 37). Der Ausdruck ‚überwinden' ist eine allzu schwache Wiedergabe des griechischen ‚hypernikan'. Paulus liebt solche Verben mit ‚hyper' auch in anderen Zusammenhängen, wenn er das Übermaß einer Sache ausdrücken will (vgl. Röm 5,20; 12,3; 2 Kor 7,4; Phil 2,9). Statt vom Überwinden oder Sieg spricht man oft im Vers 38 vom ‚Siegestriumph'. So stark ist die christliche Gewißheit der endgültigen Vollendung, daß der Apostel trotz aller Drangsale nicht nur einen Sieg, sondern einen echten Triumph ansagt.

Woher schöpft Paulus eine solche Gewißheit? Aus der Liebe Gottes in Christus, von der die Christen durch nichts getrennt werden können. Dann werden paarweise verschiedene Größen aufgezählt, die als Quellen der im Vers 35 aufgezählten *Bedrängnisse* gelten können: Tod – Leben; Engel – Mächte; Gegenwärtiges – Zukünftiges; Höhe – Tiefe. Nach damaliger Auffassung sieht Paulus das menschliche Leben in den ganzen Kosmos eingebettet. Mächte bedrohen diesen Kosmos. Nicht zufällig steht an erster Stelle der Tod, da er der stärkste und letzte Feind ist (vgl. 1 Kor 15,26). Es mag befremdend erscheinen, wenn als Gegenpaar zum Tod das Leben steht. Ähnlich wie der Tod, Sünde oder Fleisch, konnte auch das Leben personifiziert werden, um seine Verlockung dem Menschen gegenüber besser herauszustellen. Mit den Engeln und Mächten ist an die bunte Geisterwelt des Kosmos gedacht, die dem Menschen gegenüber feindlich gesinnt waren (vgl. 1 Kor 4,9; 6,3; 11,10; Kol 2,18; Eph 6,12).

Dazu kommen noch unter zwei weiteren Paaren anonyme kosmische Gewalten, die in Gal 4,3 als „Elementarmächte" erwähnt worden sind und als Götter verehrt wurden, aber „in Wirklichkeit keine sind" (Gal 4,8).

Wie immer mächtig und drohend diese Kräfte dem damaligen Menschen vorkommen mochten, für Paulus sind sie ohne Bedeutung. *Die Liebe Gottes in Christus hat sich mächtiger erwiesen* als der ganze den Menschen bedrohende Kosmos. Die Christen sind mit Christus gestorben und haben sich von allen diesen Mächten losgesagt (Kol 2,20).

Ivan Dugandžić

Mt 14,13–21

1. Die ‚große Speisung' als Geschenkwunder
Die Auslegung dieser Perikope teilt die Schwierigkeiten, vor denen die Auslegung jeder Wundergeschichte steht, und die hier, jedenfalls in ihrem allgemeinen, alle Wundergeschichten betreffenden Teil nicht eigens angesprochen zu werden brauchen, zumal die historische Frage prinzipiell an die älteste erreichbare Textfassung – in unserem Fall also an Mk 6,30–44 – zu stellen ist. So sehr die spezifische Intention des Matthäus vor allem an seinen Änderungen der Markusvorlage abzulesen ist, wobei die für die Markusfassung nach Ansicht mancher Autoren gerade konstitutiven Elemente von Matthäus ausgelassen worden sind (Mk 6,34b.39b), so sehr ist die Gefahr gegeben, hier im wahrsten Sinne des Wortes das Gras wachsen zu hören. Das hängt vor allem damit zusammen, daß häufig schwer zu entscheiden ist, ob es sich um eine schlichte Kürzung des Matthäus handelt, wie er sie gerade bei seiner Redaktion der Wundergeschichten häufig vornimmt, oder ob hinter seiner redaktionellen Tätigkeit eine besondere theologische Intention steht.

Unsere Geschichte teilt die Eigenheit anderer Geschenkwundergeschichten und unterscheidet sich darin nicht unerheblich von anderen Arten von Wundergeschichten, z. B. Heilungen und Exorzismen. Gehört bei letzteren die Heilungsbitte und das heilungswirkende Wort zur stilgemäßen Erzählung, so ist für die Form des Geschenkwunders gerade charakteristisch, daß ein solches nicht durch Bitten veranlaßt wird – Mt 14,15 par Mk 6,35f ist gerade keine Bitte um ein Wunder! –, sondern spontan und auch unmerklich, also ohne begleitendes Wort, erfolgt. Der Unauffälligkeit des Wunders entspricht die besonders drastische Demonstration – die Brotreste übersteigen die Summe der vorher vorhandenen Brote und von jedem Brot werden tausend Menschen satt! –, um die Wunderhaftigkeit des Geschehens überhaupt bekannt zu machen. Wie sehr diese Züge gattungsbedingt sind, kann man sich z. B. durch Lektüre des Weinwunders zu Kana verdeutlichen.

2. Die Besonderheiten der Mt-Fassung

Im Gegensatz zu Markus, bei dem bei der vorangehenden Geschichte vom Tode Johannes des Täufers ein Bezug zu Jesus gar nicht erkennbar wird, stellt Matthäus diesen Bezug sowohl in 14,12 als auch in 14,13 ausdrücklich her. Gleichwohl wird man die Reaktion Jesu auf das Vernehmen dieser Nachricht kaum als Flucht interpretieren dürfen, da das betreffende Verb bei Matthäus kaum die Konnotation der Flucht enthält und Matthäus auch keinen Hinweis auf die Vergeblichkeit solchen Unternehmens gibt. Matthäus verknüpft also beide Perikopen enger als Markus und erreicht das gleiche Ziel – die Begegnung einer Volksmasse in einiger Entfernung von ihren Häusern irgendwo in einsamer Gegend – auf kürzerem Wege als dieser.

Als Folge des Erbarmens Jesu über die Menge – die Ursache dafür verschweigt Matthäus im Gegensatz zu Markus – heilt Jesus die Kranken, die offensichtlich mitgekommen sind, ohne daß das eigens hervorgehoben zu werden brauchte. Matthäus ersetzt auch an anderer Stelle das Lehren der Markus-Vorlage durch Heilen (19,2), ohne daß man daraus das Recht ableiten dürfte, dieses Heilen einfach im übertragenen Sinne zu verstehen; erst recht liegt keine Minderbewertung der Lehre durch Matthäus vor, vielmehr sind offensichtlich beide Tätigkeiten besonders geeignet, Jesu Auftreten zu charakterisieren (vgl. bes. 4,23f; 9,35f).

Die Erinnerung der Jünger leitet zum eigentlichen Wunder über. Jesus stellt der Entlassungsforderung entgegen: „Es ist nicht nötig, daß die Leute weggehen" und fordert die Jünger auf, ihnen zu essen zu geben. Dieses Verlangen dient zum einen dazu, die ungenügenden Vorräte herauszustellen, was für den wunderbaren Charakter des folgenden Vorgangs wichtig ist, zum anderen wird aber das gleiche Verb in Vers 19 für die Tätigkeit Jesu und der Jünger verwendet: „... (Jesus) gab die Brote den Jüngern, die Jünger aber den Leuten" (ebenso Mt 15,36 ≠ Mk). Die Aufforderung Jesu geht also allem Anschein zum

Trotz doch in Erfüllung. Das Verhalten der Jünger freilich, nicht sogleich mit einem Wunder Jesu zu rechnen, wird von Matthäus in 16,8
als Kleinglaube getadelt.

Entsprechend dem jüdischen Mahlritus segnet Jesus Brot und Fische, bricht und verteilt das Brot – die Fische werden fortan nicht
mehr erwähnt; sie sind, wohl unter dem Einfluß des Anklangs an die
Eucharistie, bei Matthäus aus dem Blick geraten, obwohl sie bei Markus sowohl bei der Austeilung als auch bei der Einsammlung der Reste noch erwähnt werden. – Der Wundercharakter der Begebenheit ergibt sich sodann zum einen aus der *übergroßen* Menge der Reste, zum
anderen aus der großen Zahl der Mahlteilnehmer, die Matthäus noch
um Frauen und Kinder vermehrt hat – wann und wie das Wunder geschehen ist, wird in keiner Weise reflektiert, sondern lediglich sein
Vorliegen konstatiert.

3. Intentionen

Obwohl Anspielungen auf 2 Kön 4,42–44 nicht erkennbar sind, liegt
deutlich das gleiche Erzählmuster vor wie dort: Eine im Verhältnis
zum vorhandenen Essen übergroße Zahl wird satt und läßt noch übrig
– insofern könnte hier das Überbietungsmotiv – Jesus *mehr* als Eli-
scha! – angedeutet sein, direkt ausgesprochen ist es nicht. Zu diesem
christologischen Charakter der Geschichte, der, wenn auch auf andere
Weise, ja allen Wundergeschichten eigen ist, paßt die von Matthäus
hier wie auch sonst stärker betonte *Hoheit Jesu:* Der erste Evangelist
läßt Jesus nicht mehr wie bei Markus fragen: „Wie viele Brote habt
ihr?", sondern läßt Jesus von vornherein zum Ausdruck bringen, daß
er weiß, was jetzt geschehen wird: „Die Leute brauchen nicht wegzu-
gehen!" (V. 16).

Das Mißverständnis der Absicht Jesu durch die Jünger ist beseitigt,
da es der Rolle der Jünger bei Matthäus nicht mehr entspricht, wie
überhaupt ihre Rolle gegenüber Markus stärker positiv betont ist, was
angesichts der Beeinflussung der Perikope bei Matthäus durch die
Eucharistie auch mit deren Feier zusammenhängen dürfte.

Ingo Broer

19. SONNTAG IM JAHRESKREIS

1 Kön 19,9a.11–13a

Die Gotteserscheinung des Propheten Elija am Berg Horeb
Der zu besprechende Abschnitt ist der langen Elija-Erzählung 1 Kön 19 entnommen. Der *Elija-Zyklus* im ersten Buch der Könige setzt mit 1 Kön 17 unvermittelt ein. Man erfährt nichts über die Berufung des Propheten. Einen gewissen Ersatz für eine Berufungsgeschichte bietet aber 1 Kön 19, wo der Prophet am Gottesberg einer Vision Jahwes gewürdigt wird und von Jahwe gleichsam seinen Dienstauftrag erhält.

Elija ist vor seiner großen Widersacherin, der Königin *Isebel,* auf der Flucht. Isebel, eine phönikische Prinzessin, die König Achab von Israel (871–852 v. Chr.) geheiratet hatte, war und blieb zeitlebens eine glühende Verehrerin des kanaanäischen Gottes Baal und war stets bemüht, ihren religiösen Einfluß und Eifer auf das Königreich Israels auszudehnen. Ihr Mann König Achab vertrat in Weiterführung des Erbes seines Vaters Omri eine sehr kanaanäerfreundliche Politik, die den Interessen der Jahwe-treuen Israeliten immer mehr zuwiderlief.

Nachdem es Elija gelungen war, die Frage, wer denn Gott in Israel sei: *Jahwe oder Baal,* in einer Staatsaktion am Berg Karmel für sich zu entscheiden (1 Kön 18), wütete Isebel gegen Elija, so daß er um sein Leben fürchtete und fliehen mußte.

Elija flieht elend und einsam. Er ist am Ende (V. 4f). Erst gestärkt durch göttliche Hilfe erreicht er nach 40 Tagen und 40 Nächten den heiligen Berg Horeb (VV. 6–8). Die Ohnmächtigkeit des Menschen, des Propheten tritt hier besonders zutage. Wir haben einen typischen Zug hebräischer Anthropologie vor uns: Gott beginnt dort am Menschen zu handeln, wo er am Ende ist. Dort wo die Weisheit des Menschen fertig ist, wo es keinen menschlichen Ausweg mehr gibt, wo nur menschliche Verzweiflung und menschliches Elend bleiben, wo der Mensch zerbricht, setzt Gottes Handeln ein.

Die Tradition will auch besonders betonen, daß Elija wie Mose Prophet ist. Die Zahl 40 spielt dabei eine Rolle. 40 Jahre wanderten einst die Väter Israels durch die Wüste, um den Gottesberg Sinai/Horeb zu erreichen, 40 Tage verweilte Mose auf dem Berg. Mit der Zahl 40 wird keine mathematische Einheit ausgedrückt. 40 ist die symbolische Zahl der langen Dauer! Wo der heilige Berg genau liegt, darüber weiß die Erzählung nichts zu berichten. Schon der Sinai/Horeb des Mose ist nicht auf der heutigen Sinaihalbinsel zu suchen, sondern lag sehr wahrscheinlich tief in Arabien, östlich des Golfes von Aqaba. Die genaue Lokalisierung ist aber völlig sekundär. Der Erzählung geht es vielmehr darum, aufzuzeigen, daß mit Elija und durch seine Vision ein neuer Anfang in der Glaubensgeschichte Israels gesetzt wurde, so wie einst mit Mose und durch die Offenbarung am heiligen Berg der Jahwe-Glaube in Israel begonnen hatte.

Die Gotteserscheinung in Vers 11f unterscheidet sich grundlegend nicht nur von den verschiedenen Versionen der alttestamentlichen Sinaitheophanie selber, sondern auch von den Theophanien der kanaanäischen Götter. Jahwe offenbart sich nicht im Wind, nicht im Erdbeben, nicht im Feuer wie Kanaans Götter, sondern *in der Stille,* im Un-aus-sprechlichen, im Unscheinbaren, im nicht-Sensationellen. Hier übt die Erzählung, die etwa Anfang des 8. Jh. v. Chr. entstanden ist, bereits Kritik daran, daß im Laufe der Jahrhunderte Baals-Attribute auf Jahwe übertragen wurden. Dieser Prozeß war religionsgeschichtlich gesehen zwar durchaus richtig, um Jahwe, den Gott der Wüste, auch im Kulturland gegenüber den kanaanäischen Götter ‚konkurrenzfähig‘ zu machen, aber doch auch sehr gefährlich, weil er zu einem Synkretismus führen konnte und sehr oft auch führte.

Obwohl Elija selber Baals-Attribute auf Jahwe übertrug, indem er seinen Zeitgenossen einhämmerte, daß nicht Baal der Bringer der Fruchtbarkeit sei, sondern nur Jahwe, der Gott Israels, war er zugleich der Warner und Mahner vor einer direkten Religionsmischung.

Die Glaubensgeschichte Israels wie auch des späteren Christentums ist ein *Ringen von Immanenz und Transzendenz,* wobei das Moment des Transzendenten, wie bei Elija, das Primäre bleiben muß. Und sollten Situationen kommen, in denen beides aufeinanderplatzt, so daß es darauf ankäme, das eine oder das andere aufzugeben, dann gilt es heute wie damals: nicht der Anspruch des Menschen, sondern der Anspruch Gottes, nicht Baal, sondern Jahwe (nach *O. Eißfeldt*).

Karl Jaroš

Röm 9,1–5

Der Text Röm 9,1–5 ist wohl im Hinblick auf das allen drei Lesungen dieses Sonntags gemeinsame Thema der *Epiphanie Gottes* ausgewählt worden. In diesem Zusammenhang hat die neutestamentliche Lesung ihren Höhepunkt an ihrem Schluß in Vers 5: in der rühmenden Erwähnung des leiblichen Ursprungs Jesu, des Messias, aus dem Judentum.

Der größere Kontext der Perikope ist das Problem des Widerspruchs zwischen der *Erwählung* und dem *Unglauben* Israels, das Paulus in den Kapiteln 9 – 11 des Römerbriefes abhandelt. Es war dies keineswegs eine bloß akademische Frage, sondern eine theologische

Not, an der die junge Christenheit schon wenige Jahrzehnte später zerreißen sollte: Ist die religiöse Tradition des ungläubigen Israel noch heilsrelevant, ist sie es je gewesen? Ist der Gott des Judentums und seiner Bibel überhaupt identisch mit dem Gott der Botschaft Jesu? Oder ist der jüdische Schöpfergott vielleicht nur der selbst in der Verstrickung von Sünde, Unwissenheit und Materie gefangene Herrscher dieser Welt und die Heilsgeschichte Israels weithin die Geschichte satanischer Täuschung? Daß die Kirche schließlich nicht diesem primitiven gnostischen Feindbild erlegen ist und die Kontinuität der biblischen Offenbarung bewahrt hat, war – vor allen anderen neutestamentlichen Autoren – das Verdienst des überzeugten Juden und Christen Paulus.

Für Paulus hat das Heilshandeln Gottes an seinem Volk nichts an Gültigkeit verloren, ja durch den Hervorgang des Messias Jesus aus diesem Volk seine höchste Bestätigung erfahren. Daher ist es für Paulus ganz wesentlich, Jesus nicht etwa als göttlichen Besucher aus der himmlischen Welt zu verkündigen, sondern als einen *Sohn Israels „dem Fleische nach".* Der Hervorgang Jesu aus Israel ist das vornehmste *Zeichen der Erwählung dieses Volkes.* Der aktuelle Unglaube Israels kann also die Gültigkeit der Verheißungen keineswegs widerlegen, er offenbart vielmehr erst Gottes Heilsplan in seiner ganzen Weisheit.

Dennoch verwahrt sich Paulus gegen jene kalte Ideologie, die das Schicksal der gegenwärtigen Generation leichten Herzens einer fernen Zukunftsvision opfert. Der Text der Verse 1–3 ist Beteuerung der persönlichen Betroffenheit und des Schmerzes. Das Gebet um stellvertretende Übernahme des sich im Unglauben manifestierenden Fluches ist freilich als irrealer und unerfüllbarer Wunsch formuliert: „Ich möchte beten..." Als „die Brüder dem Fleische nach" unterscheidet Paulus die Juden von seinen Mitchristen. Dennoch sind auch sie Kinder Gottes: ‚Sohnschaft, Herrlichkeit (kabōd, die machtvolle Gegenwart Gottes), Bundesschlüsse, Gesetzgebung, Anbetung, Verheißungen und die Väter' fassen die *Erwählung Israels* zusammen, die durch den leiblichen Ursprung Christi gekrönt wird. Vers 5b ist nicht als Gottesprädikation Christi zu verstehen, sondern als zusammenfassendes und traditionell jüdisch formuliertes Preis- und Dankgebet (Eulogie) an Gott für sein Heilshandeln an Israel. Die Bezeichnung dieses Gottes als den höchsten betont seine Einzigkeit und Identität.

Peter Hofrichter

Mt 14,22–33

1. Zur Texterklärung

Die Wundergeschichte vom *Seewandel Jesu* ist aus dem Markusevangelium übernommen worden. Der dortige Anschluß an die wunderbare Speisung der Fünftausend ist beibehalten worden. Die Verse 22–27.32 lehnen sich eng an die Mk-Vorlage an. Mit den Versen 28–30.33 geht aber Mt ganz andere Wege.

Sequenz 1: Verse 22–23 a. Jesus bringt die Speisung zum Abschluß und schafft den Bedingungsrahmen für die folgenden Ereignisse. Die Jünger werden auf den See geschickt, das Volk nach Hause, und Jesus begibt sich zum Gebet auf den Berg. Die Distanz See–Berg / Jünger–Jesus und deren Überwindungsmöglichkeiten bestimmen das Folgende. Das Volk bleibt außer Betracht.

Sequenz 2: Verse 23b–25. Der räumliche Gegensatz, der zugleich theologisch angelegt ist (Beten Jesu gegen Angst der Jünger V. 20), wird durch weitere Merkmale vertieft: die Zeit (Spät–Werden), Interaktion (Allein-Sein Jesu gegenüber der Gruppe der Jünger im Schiff), weitere Ortsangabe und Situation (quälender Wellengang aufgrund von Gegenwind). Jesus ergreift in der letzten Nachtwache (3–6 Uhr) die Initiative und kommt in wunderbarer Weise, auf dem See wandelnd.

Sequenz 3: Verse 26–27. Das Wandeln auf dem See hebt zwar die räumliche Distanz auf, so daß die Jünger Jesus „sehen", verwandelt aber die personale Beziehung in Kleinglauben, Angst und Furcht. Die Gestalt Jesu wird als Gespenst (Phantasma) interpretiert; sie wird als Trugbild auf dämonische Macht zurückgeführt und nicht auf die von Gott verliehene Vollmacht. So muß Jesus zu seiner Legitimation die alttestamentliche *Offenbarungsformel* „Ich bin (es) . . ." einsetzen.

Sequenz 4: Verse 28–29. An der Reaktion des Petrus als Sprecher der Jünger wird die Änderung im Handlungsablauf deutlich. Allerdings wird der wiedergeschenkte Glaube von der Teilhabe an der Wundervollmacht Jesu abhängig gemacht. Jesus geht auf die Bedingung ein. Petrus macht die empirische Probe und alles scheint in Ordnung zu sein.

Sequenz 5: Verse 30–31. Doch nach den ersten gelungenen Schritten „sieht" Petrus den „Wind". Durch die Fähigkeit, mittels der Wogen das Boot zu quälen und zusätzlich Phantasmen hervorzurufen, hat dieser vor den Jüngern sich als dämonische Macht ausgewiesen. Zwar konnte das Gespenst entmythologisiert werden, doch die Beruhigung der Wogen steht noch aus. Petrus gerät erneut in „Furcht" und damit in die Macht des Windes. Petrus „sinkt". Sein Schrei um Rettung löst die Gegenaktion Jesu aus, der wie bei Heilungen seine Hand ausstreckt und ihn ergreift. Der Vorgang wird zusätzlich kommentiert. Kleinglaube und Zweifel haben das Sinken verursacht.

Sequenz 6: Vers 32–33. Das Hereinsteigen Jesu mit Petrus in das Boot bringt den Wind zur Ruhe. Jesus ist Herr über Wasser und Wind. Wo er sich befindet, tragen ihn die Elemente, verlieren ihre dämonische Gewalt und verstummen. Befreit erweisen ihm die Jünger Verehrung und bekennen ihn hier im Matthäus-Evangelium zum erstenmal als „Sohn Gottes".

2. Epiphanie Jesu und Glaube der Jünger

Traditionsgeschichtlicher Kern der Geschichte ist der Seewandel Jesu in der Markus-Fassung. Im Hellenismus gibt es die Vorstellung, daß mit göttlicher Kraft ausgestattete Menschen (theios aner) über das Wasser wandeln können (dazu ironisch *Lukian,* Der Lügenfreund 13). Angelagert hat sich aus der Wundergeschichte von der Sturmstillung das Motiv des gefährlichen Seeganges und seiner Beruhigung. Matthäus hat den Seewandel des Petrus selbständig zugefügt. So verläuft die Geschichte auf mehreren Ebenen: reale Bedrohung durch Sturm und Wogen, symbolische Fähigkeit des Wandelns auf Wasser und der Sturmstillstand, Kleinglaube als religiöses Problem der Jesusnachfolge.

Im Evangelium der Bauern von Solentiname *(E. Cardenal)* habe ich eine gelungene Nacherzählung des Seewandels gefunden. Die Fischer berichten von eigenen Unfällen auf dem See, bei denen ihr fester Glaube an Jesus sie zum Durchhalten und damit zur Rettung befähigt habe.

Wird Glaube hier ‚nur' zum psychologischen Phänomen? Matthäus hat es gegenüber Markus verstanden, die symbolische Bedeutung von Seewandel und Sturmstillung noch zu verstärken. Die Gemeinde hat es wie die Jünger mit konkreten, realistischen Bedrohungen und Nöten zu tun. Sie ist von Jesus räumlich getrennt, der sich nach Ostern nicht nur zeitweise, sondern endgültig beim Vater befindet. Doch die Beziehung zu Jesus, also der vertrauende Glaube, entscheidet allein darüber, ob die Bedrängnisse dämonische Gewalt erhalten und existentielle Verunsicherung als ‚Furcht und Angst' auszulösen vermögen. Die Epiphanie Jesu wird nun zur Trost- und Hoffnungsgeschichte, zur symbolischen Vorwegnahme und Deutung der nachösterlichen Situation. Matthäus ist kein Rigorist, der starken starren Glauben voraussetzt, sondern er hat Verständnis für den „Kleinglauben", für die „Kleinen" im Glauben (Kap. 18). Die räumliche Abwesenheit des Herrn wird immer wieder zur personalen Distanzierung führen, besonders wenn schwierige Situationen sich einstellen. Doch dann wird der Herr sich selbst machtvoll zur Erfahrung bringen, so wie er nach dem Kreuzestod seinen Jüngern erschienen ist, so wie Jahwe sich als Beherrscher des Wassers erwiesen hat (die Exodus-Machttat Ex 14; Ps 77; Ijob 9). In der Unheilssituation den erneuten, die bewährten Erfahrungen sprengenden Anruf des epiphanen Herrn zu hören und auf ihn zu vertrauen, wird zur Rettung und zur Umwandlung in eine neue, befreite Existenz. Die bedrohenden Unheilsmächte werden von einem neuen Standpunkt gesehen und verlieren so endgültig ihre dämonische Macht, denn der Herr ist wahrhaftig als der ‚Sohn Gottes' bei den Glaubenden.

Detlev Dormeyer

Einige Hinweise zur Wunder-Überlieferung im Neuen Testament:

1. Der enge Zusammenhang zwischen der *Gottesreich-Verkündigung Jesu* (– bereits mit Jesu Auftreten bricht die eschatologische Segensherrschaft Gottes an –) und seinen *Machttaten,* besonders den Dämonenbannungen und Heilswundern (vgl. Lk 11,20/Mt 12,28; Lk 10,23f/Mt 13,16f; Lk 7,22f/Mt 11,5f), muß immer deutlich gesehen werden. An die Person Jesu von Nazaret, an sein Wort und an sein Wirken ist die *eschatologische Gnadenzeit* gebunden.
Zum Studium der theologischen Grundlagen eignet sich sehr gut: *H. Merklein,* Jesu Botschaft von der Gottesherrschaft (SBS 111), Stuttgart 1983.

2. Wunder dürfen niemals in einen naturwissenschaftlichen Bereich (– ‚Durchbrechung der Naturgesetze' –) hineingezerrt werden oder als ‚Legitimationsbeweise' mißverstanden werden (vgl. Mk 8,11f/Mt 16,1–4; Lk 11,29/Mt 12,38f). Sie müssen zunächst in einer methodisch richtig geleiteten Gattungskritik der Wunder*berichte* für das *theologische* Verständnis (– Theologie des *,Glaubensaktes'* des Menschen –) analysiert werden.
Im deutschen Sprachraum stand im letzten Jahrzehnt eine lehrreiche form- und gattungsgeschichtliche Arbeit zur Verfügung, auf deren Ergebnissen nun weitergebaut werden muß; es handelt sich um *G. Theißen,* Urchristliche Wundergeschichten. Ein Beitrag zur formgeschichtlichen Erforschung der synoptischen Evangelien, Gütersloh 1974.
Vgl. weiter:
– *O. Knoch,* Die Wunder Jesu, in: Theologie der Gegenwart 24 (1981), S. 203–211;
– *R. Pesch – R. Kratz,* so liest man synoptisch, Bd. 2 und 3 (Wundergeschichten), Frankfurt a. M. 1976.

Hubert Ritt

20. SONNTAG IM JAHRESKREIS

Jes 56,1.6–7

Verheißung des Heils für die Nichtisraeliten
Mit Kapitel 56 beginnt im Jesaja-Buch der sogenannte *Tritojesaja,*
Texte, die auf einen unbekannten Propheten zurückgehen, der in früher nachexilischer Zeit, etwa um 530 v. Chr., in Jerusalem wirkte. Tritojesaja verkündet wie Deuterojesaja die *Nähe des Heils,* jedoch in einer anderen geschichtlichen Situation. Die Rückkehr der Exilierten nach Juda, die der persische Großkönig Kyros II. im Jahre 538 v. Chr. ermöglichte, brachte nicht nur Freude, sondern auch eine große Ernüchterung. Das Heil schien im verwüsteten Jerusalem und Juda weit entfernt zu sein.

In diese trostlose Lage hinein fällt das Wort des Propheten, daß „das Heil nahe sei"; aber dieses Heil wird abhängig gemacht von *Recht-tun und Gerechtigkeit.* Wenn Gerechtigkeit unter den Menschen geübt wird, dann ist die Voraussetzung vorhanden, daß Gottes Gerechtigkeit offenbar wird.

In den Versen 6–7 geht es um die Gruppe der Nichtisraeliten, der Fremden. Die nachexilische Gemeinde stand vor der Frage, ob die Fremden zum Jahwe-Kult zugelassen werden sollen. Nach dem deuteronomischen Recht (Dtn 22,2–9) waren sie davon ausgeschlossen.

Für Tritojesaja jedoch soll die Jerusalemer Kultgemeinde offen sein. Den Nichtisraeliten werden zwei Bedingungen auferlegt: Halten des *Sabbats* und des *Bundes* (der Gebote). Sind diese Voraussetzungen erfüllt, dann steht nichts im Weg, daß Jahwe selber sie zum heiligen Berg bringt, d. h. daß sie am Kult der Gemeinde teilhaben dürfen! Sie haben teil an der Freude der Jahwe-Gemeinde, an ihrem Beten im Tempel und an ihren Opfern im Heiligtum. Sie sind keine Fremden mehr. *Der Tempel zu Jerusalem wird ein Bethaus für alle Völker!*

Es ist die große Tragik der nachexilischen Zeit, daß sie an solch prophetischen Gottesworten vorbeigegangen ist und die Zeichen der Zeit nicht erkannt hat. Diese Weite des theologischen Denkens konnte sich leider nicht durchsetzen. Die Jerusalemer Kultgemeinde schloß sich immer mehr ab. Die letzte Konsequenz dieses falschen Weges war eine bis in Unbarmherzigkeit ausufernde Gesetzesfrömmigkeit, die unter anderem Jesus heftig kritisierte und in der paulinischen Interpretation Jesu für die jungen Christengemeinden korrigiert wurde.

Karl Jaroš

Röm 11,13–15.29–32

Drei Kapitel lang (Röm 9 – 11) befaßt sich Paulus mit der positiven Lösung des offensichtlichen Widerspruchs zwischen der biblischen Erwählung Israels und der Annahme des Christentums gerade nicht durch die Juden, sondern durch die Heiden. Die *Berufung Israels* ist für Paulus unwiderruflich, und der aktuelle Unglaube der Juden kann Gottes Verheißungen nicht widerlegen. Im Gegenteil, dieser *Unglaube Israels* ist Bestandteil von Gottes universalem Heilsplan, um die Bekehrung der Heiden herbeizuführen. Gerade dadurch, daß Israel vorläufig den Fluch des Unglaubens trägt, wird es nach Gottes Plan zum Heilsmittler für die Welt, um dann schließlich auch selbst in die Fülle des Heiles einzutreten. Daher ist dieser providentielle Unglaube Israels auch nur bedingt schuldhaft und dessen Verwerfung auch keine endgültige. Andrerseits ist dieser Unglaube für den Einzelnen aber kein unentrinnbares Schicksal.

Das übergreifende Thema der drei Lesungen dieses Sonntags ist die Berufung der Heiden. Die beiden für die neutestamentliche Lesung zusammengestellten Abschnitte fassen aus dem genannten Text die wichtigsten Aussagen zu diesem Thema zusammen.

In Röm 11,13–15 macht Paulus seinen heidnischen Adressaten – wohl aus gegebenem Anlaß – klar, daß sie ihr christlicher Glaube nicht über die Juden erhebt. Selbst seinen eigenen Dienst als Heidenapostel beansprucht hier Paulus vor allem auszuüben im Hinblick auf die Rettung seines eigenen „Fleisches", der Juden: um sie „eifersüchtig zu machen" und vielleicht „einige zu retten". Doch diese Hoffnung hegt Paulus nicht zuletzt wieder im Interesse der Heiden selbst: „Wenn die Verstoßung Israels der Welt zur Bekehrung gereicht", um wieviel heilsbedeutender wird erst seine Wiederaufnahme durch Gott sein, sagt Paulus in einem rabbinischen Schluß vom Kleineren auf das Größere: Denn auf die Bekehrung Israels wird als die endgültige Erlösung die allgemeine Auferweckung der Toten folgen: „das Leben aus den Toten". Damit teilt Paulus die rabbinische Überzeugung, daß der „heilige Rest" Israels am Ende wieder zur Vollzahl des Volkes ergänzt werden wird. Diese Ergänzung zur Vollzahl versteht Paulus als endzeitliche Bekehrung ganz Israels und als die Voraussetzung der Wiederkunft Christi und der allgemeinen Auferweckung.

Der zweite Abschnitt des Lesungstextes, Röm 11,29–32, ist wie der Gedanke, den er ausdrücken will, verschlungen und zunächst schwer verständlich. Verschiedene Glättungsversuche in Text und Interpretation sind zum Teil alt, aber überflüssig. Paulus beschließt die Apologie des Judentums gegenüber den Heidenchristen durch seine phasenverschobene und verzahnte Parallelisierung mit dem Heidentum: *Got-*

tes Gnadengaben und Berufung sind unwiderruflich. Die Juden erleiden gegenwärtig jenen Zustand des Ungehorsams, den die Heiden eben verlassen durften. Die Juden sind ungehorsam geworden zugunsten des göttlichen Erbarmens mit den Heiden: Freilich damit sie jetzt, da sich die Heiden bekehrt haben, auch selbst wieder Gottes Erbarmen finden. Auf dieses göttliche Erbarmen sind alle gleichermaßen angewiesen. Denn Gott hat alle – zunächst die Heiden und eben jetzt die Juden – „eingeschlossen in die Gefangenschaft des Ungehorsams", um sich aller zu erbarmen.

Peter Hofrichter

Mt 15,21–28

Es geht um eine *Fernwunderheilung.* Allerdings ist die typische Form der Wundergeschichte nur teilweise als Rahmen erhalten: Vers 21f (Begegnung mit dem Wundertäter und Bitte um Heilung), Vers 28 (Heilungswort und Erfolg der Heilung), die Konstatierung der Heilung durch Außenstehende fehlt (so noch Mk 7,30).

Der Schwerpunkt der Geschichte liegt bereits wie in der Markusvorlage auf dem Gespräch, in dem es um *Jesu Stellung zu den Heiden* geht. Matthäus hat dieses Gespräch erweitert und seine spezifische Sichtweise zum Verhältnis Judentum und hellenistisches Heidenchristentum eingetragen. Es handelt sich um eine Schlüsselstelle für das matthäische *Kirchenverständnis.*

Sequenz 1: Verse 21–22. Der geographische Rahmen zeigt an, daß der irdische Jesus von sich aus heidnisches Land betritt. Die Zuwendung der Heiden zu ihm ist damit provoziert. Die charismatische Wunderfähigkeit bildet eine bewährte, missionarische Anknüpfungsmöglichkeit. Einerseits muß Vertrauen in die von Gott verliehene Vollmacht schon vorhanden sein, andererseits muß noch nicht der volle eschatologische Glaube entwickelt sein. Er ist vielmehr Ergebnis der Begegnung mit Jesus. ‚Sohn Davids' ist bei Matthäus hauptsächlich in Wundergeschichten zu finden. Jesu charismatische Wundervollmacht entspricht volkstümlichen Erwartungen an den Messias aus davidischem Hause, der wie Salomon Herrschaft über die Dämonen besitzt (Jos, Ant VIII, 5).

Sequenz 2: Verse 23–24. Die Ablehnung Jesu ist ungewöhnlich. Sie löst das *Schulgespräch über den Sendungsbereich Jesu* aus. Die Jünger geraten in ungewöhnlich positives Licht, weil sie von sich aus die Erhörung der heidnischen Frau erbitten. Der Nachsatz läßt allerdings eine tiefergehende Reflexion vermissen. Es geht nur um die momentane Zufriedenstellung einer aufdringlichen Frau. Jesus hebt daher abschließend die prinzipielle Bedeutung des Vorgangs hervor. An dem Wort ist viel gerätselt worden. Es ist wohl nur dann zu verstehen, wenn es auf die erzählte Biographie Jesu bezogen wird. *Jesu Sendung zielt auf Israel und seine eschatologische Sammlung.* Durch das in die Gottesherrschaft hereingeholte Israel wird das Heilsangebot weiter an die Heiden (vgl. die Tempelreinigung Mt 21,12–17) gehen. Doch nur ein Teil Israels läßt sich von Jesus in die Gottesherrschaft rufen: Insbesondere die aus pharisäischer Perspektive „verlorenen Schafe Israels" (Sünder, Zöllner, Kranke . . .). So gibt der Auferstandene seinem Rest-Israel, das als ‚Zwölferkreis' aber symbolisch das gesamte, neu gesammelte Israel repräsentiert, den nun fälligen Auftrag, allen Völkern das Evangelium zu verkünden (Mt 28,16–20).

Jesu Wort akzentuiert *zwei Stadien seiner Sendung:* 1. Die Sendung des irdischen Jesu zu Israel, 2. die Sendung des gesammelten Israel zu den Heiden. Trotz der Ablehnung bleibt das nicht gesammelte Israel nicht vom Heil ausgeschlossen. Es ist aufgefordert, sich in den Zwölferkreis zum Heil der Heiden weiterhin zu versammeln.

Sequenz 3: Verse 25–27. In dem *zweiten Schulgespräch* – nun mit der Kananäerin – wird diese Abfolge ausdrücklich von heidnischer Seite aus anerkannt. Daher erhält die Heidin das abschließende Wort. Zuvor hat sie erneut die Initiative ergriffen und damit ihrem beharrlichen Drängen nach Jesus bereits nachdrücklich Ausdruck verliehen. Ihre Bitte ist eine knappe Wiederholung von Vers 22.

Das Bildwort Jesu scheint in seiner Abwertung der Heiden als „Hunde" diese Festigkeit zu überstrapazieren. Wie das Grundsatzwort Vers 24 ist es bewußt aus jüdischer Perspektive gesprochen, in der nur Juden als „Kinder" Gottes in Frage kommen. Die Entgegnung der Frau entlarvt die Enge dieser Anschauung. Der Tisch Jahwes ist für die ganze Welt bereitet. Geschichtlich bedingte Vorränge können akzeptiert werden, insoweit sie nicht bereits verspielt sind (die Gastmahlallegorie Mt 22,1–14). Die Hereinnahme der Heiden in die Gottesherrschaft kann schon mit der Zeit des irdischen Jesus einsetzen.

Sequenz 4: Vers 28. Jesus ist beglückt über den *„großen Glauben"* *der Heiden* (Mt 8,10), der den *„Kleinglauben" der Jünger* und den *„Unglauben"* Israels übertrifft. Er kann erneut wie beim Hauptmann von Kafarnaum (Mt 8,5–13) an einem Einzelfall die nachösterliche Verkündigung des Evangeliums an die Heiden vorwegnehmen. Das Evangelium von der Gottesherrschaft bewirkt, was es verkündet. Die Sehnsüchte der heidnischen Frau gehen in Erfüllung. Sie wird mit ihrer Tochter aus dem Bereich der Dämonen entrissen. Von jetzt an lebt sie in der von Jesus aufgerichteten Gottesherrschaft, die die Tochter auch somatisch wieder voll herstellt.

Detlev Dormeyer

21. SONNTAG IM JAHRESKREIS

Jes 22,19–23

Eljakim, der Knecht Jahwes

Die Verse 19–23 sind der Perikope Jes 22,15–25, *Worte über einzelne königliche Beamte,* entnommen. Die Entstehungsgeschichte dieses Textabschnittes aus dem Jesaja-Buch ist kompliziert.

Die Verse 15–18 gegen den königlichen Haushofmeister *Schebna* können dem Propheten Jesaja von Jerusalem zugeschrieben werden. Von Schebna oder Schebenjahu stammt vermutlich das Felsengrab von Silwan, dessen Inschrift großteils erhalten geblieben ist: „Dies (ist das Grab des Scheben) jahu, des Haushofmeisters …" (*R. Hestrin,* Inscriptions Reveal, Jerusalem ²1973, Nr. 14). Schebna war zur Zeit des judäischen Königs Achas (741–725 v. Chr.) und vielleicht noch in der Anfangszeit König Hiskijas (725–697 v. Chr.) der höchste königliche Beamte des Reiches mit dem Titel: Haushofmeister oder Kämmerer. Ein anderer Titel und eine andere Funktion, die mit diesem höchsten Amt verbunden war, war die eines Statthalters (möglicherweise von Jerusalem).

Aus 2 Kön 18,18ff ist unter König Hiskija ein ‚Kanzler' mit Namen Schebna bekannt, wogegen ein gewisser *Eljakim,* Sohn des Hilkijahu, als Haushofmeister figuriert. Danach hätte Schebna nur das zweite Staatsamt, das des Kanzlers bekleidet. Es ist aber naheliegend, daß es einen Wechsel zwischen den höchsten Ämtern in Juda gegeben hatte. Der Jesaja-Text würde aus der Zeit stammen, als Schebna noch das höchste Amt des Haushofmeisters innehatte, während der Text 2 Kön 18,18ff, der Ereignisse aus dem Jahre 701 v. Chr. darstellt, offenbar eine Ablösung Schebnas im höchsten Amt durch Eljakim suggeriert.

Der Prophet Jesaja greift diesen Schebna ungeheuer massiv an. Daß er sich das Grab hoch oben im Felsen schlagen ließ, ist für den Propheten jedoch nur äußerlich ein Grund für den Angriff gegen seinen Hochmut.

Sehr empfindlich und sensibel reagierte Jesaja dann, wenn es um eine assyrienfreundliche Politik ging. Schebna könnte unter König Achas der Vertreter einer assyrerfreundlichen Politik gewesen sein und sich so den Zorn des Propheten zugezogen haben, der im syrisch-ephrämitischen Krieg massiv propagierte, sich nicht auf Assur zu verlassen, sondern die Hilfe von Jahwe zu erwarten, der dem Haus David dauernden Bestand verheißen hatte.

Da mit König Hiskija die judäische Politik völlig antiassyrisch wurde – was Jesajas Forderungen entsprach –, würde es nur allzu verständlich sein, daß der höchste Beamte und Vertreter einer assyrerfreundlichen Politik, Schebna, sein Amt zur Verfügung stellen mußte.

Unseren Text könnte man daher als Hintergrundinformation für diesen politischen Wechsel betrachten: Das Droh- und Gerichtswort gegen Schebna, das seine Absetzung fordert und dann wohl auch erreicht hat (VV.15–19) und das Wort der Amtseinsetzung für Eljakim (VV. 20–23).

Dieses Amtseinsetzungsorakel weist aber in die späte nachexilische Zeit, und zwar auf Grund seiner sprachlichen Formulierungen. Es sind vor allem eschatologische Ergänzungen, die in einer Zeit, als die historische Situation weit anders war als in den Tagen Königs Hiskijas, entstanden sind. Man wollte das einmal gesprochene und überlieferte prophetische Gotteswort nicht nur auf eine einmalige geschichtliche Konstellation bezogen wissen, sondern im Sinn der messianischen Erwartung deuten. Der in Jerusalem erwartete, endzeitliche Messiaskönig aus Davids Haus bedarf wie seine geschichtlichen Vorgänger des höchsten Beamten, des Haushofmeisters, *der als Knecht Jahwes in seiner moralischen Qualität und in seinem Führungsstil dem Messiaskönig entsprechen muß.*

Mit dem Wort: „An jenem Tag" beginnt das eschatologische Investiturorakel für den neuen Haushofmeister. Jahwe selber wird ihn berufen (V. 20) und ihm die Zeichen seiner Würde verleihen: die Kleidung wie sie die Priester tragen (Num 8,13), die Zeichen der langen Dauer des Amtes sind (V. 21). Seine Aufgabe wird als die des Vaters für seine Untergebenen definiert (V. 22), d. h. daß er seinen ,Kindern' je nach ihrem Verhalten mit Güte oder Strenge begegnen wird.

Zeichen seiner Amtsgewalt sind die Schlüssel des königlichen Palastes von Jerusalem (vgl. Mt 16,18f): Seiner Vollmacht unterstehen alle anderen königlichen Angestellten und Beamten (V. 22). Vers 23a drückt die dauernde Amtsgewalt des königlichen, endzeitlichen Haushofmeisters noch mit einem anderen Bild aus: Jahwe schlägt ihn in festes Erdreich ein wie einen Pflock, der ein Zelt halten muß.

Das eschatologische Heilsorakel endet allgemein damit, daß der Knecht Jahwes eine besondere Ehrenstellung einnehmen wird (V. 23b).

Karl Jaroš

Röm 11,33–36

Der *„Gotteshymnus"* Röm 11,33–36 atmet den Geist der Weisheitsliteratur des alexandrinischen Judentums, ist aber wahrscheinlich kein Zitat eines vorgefundenen Textes, sondern von Paulus für den Augenblick selbst formuliert. Der Hymnus schließ in seinem ursprünglichen Kontext die Darlegung des Apostels über den Heilsplan Gottes mit Heiden und Juden (Röm 9 – 11) ab.

Der Text ist symmetrisch aufgebaut und besteht aus drei ‚Strophen'. Erste und dritte ‚Strophe' sind Preisungen von je drei kurzen Elementen und einer zweigliedrigen Bekräftigung. Die mittlere ‚Strophe' hat die Form von drei rhetorischen Fragen, die in umgekehrter Reihenfolge auf die drei Elemente der ersten Preisung Bezug nehmen. Auch thematisch ist der Mittelteil von Anfang und Ende abgehoben. Während die erste und dritte Preisung in Begriffen der hellenistischen Theologie sprechen, zitiert der Mittelteil aus der Schrift. Auffallend an diesem paulinischen Hymnus ist die Ausblendung der Christologie, sein Verbleiben innerhalb des Judentums.

Der Stil der *ersten Strophe* entspricht griechischer Rhetorik. Die Begriffe sind von der Frömmigkeit des hellenistischen Judentums – und Judenchristentums – geprägt. Die *‚Tiefe' Gottes* ist der Ort seiner unergründlichen Weisheit und seiner Geheimnisse: In 1 Kor 2,10 und besonders in der gnostischen Literatur (Cod. Brucianus) ist von den ‚Tiefen Gottes' die Rede. Die antignostische Polemik der Offenbarung spricht freilich von den ‚Tiefen Satans' (Offb 2,24). *Gottes ‚Reichtum'* ist die Vielfalt an Heilsgaben und göttlicher Macht und insbesondere deren endzeitliche Fülle; seine *‚Weisheit'* bestimmt sein Handeln und Wollen; seine *‚Erkenntnis'* ist Gottes aktive erwählende Zuwendung. Die Fortsetzung des dreigliedrigen Lobpreises „Wie unergründlich sind seine Urteile, wie unerforschlich seine Wege!" dient der gegründeten Konkretisierung und nimmt wohl im Kontext des Römerbriefes auf die Heilsgeschichte Israels Bezug. Eine ähnliche Formulierung findet sich in der apokryphen Baruch-Apokalypse 14,8f (vgl. auch Jes 55,8).

Die *zweite Strophe* zitiert in den ersten beiden Fragen den Septuaginta-Text von Jes 40,13. Die drei Fragen sind eingeleitet durch ein begründendes ‚denn' und beziehen sich chiastisch auf das Lob von Gottes Erkenntnis, Weisheit und Reichtum in der ersten Strophe. Ratgeber Gottes ist nach Ijob 15,8 (vgl. Weish 8,3f; 9,9) die Weisheit.

Das Thema der *dritten Strophe* entstammt der griechischen Philosophie, war aber längst im alexandrinischen Judentum beheimatet (Philo). Ähnliche Formulierungen finden sich bei Paulus und in den späteren paulinischen Schriften mehrfach; sie haben aber dort stets eine christologische Komponente: 1 Kor 3,22f; 8,6; Kol 1,16f; Eph 4,6; Hebr 2,10. Der ursprünglich pantheistische Begriff ‚das All' gelangte aus der jonischen Naturphilosophie (Heraklit, Parmenides) in die Stoa und von dort in die hellenistische Popularphilosophie. In der neutestamentlichen Verwendung des artikellosen Begriffes ‚alles' schwingt allerdings neben dem Aspekt der Schöpfung auch immer jener des

Heilshandelns Gottes mit. Die drei Dimensionen des ‚aus‘, ‚auf ...
hin‘ und ‚durch‘ bezeichnen nach stoischem Vorbild Gott als Ursprung, Ziel und Seinsgrund des Universums. Dabei ist das pantheistische ‚in‘ der Stoa durch das schöpfungstheologische ‚durch‘ ersetzt.
Als Antwort des Menschen auf diese *allumfassende Größe Gottes* erscheint nun die Doxologie: „Ihm sei Ehre in Ewigkeit!" mit der
Akklamation des „Amen", womit auch der Hymnus insgesamt abschließt. Die Gott zugesprochene doxa ist freilich mehr als der blasse
Begriff der Gott von seiner Schöpfung erwiesenen ‚Ehre‘. ‚Ehre‘ meint
darüber hinaus eben jene Größe, Macht und Herrlichkeit Gottes,
deren Lobpreis der Inhalt des Hymnus gewesen ist.

Peter Hofrichter

Mt 16,13–20

Siehe die Auslegung von *H. Ritt,* in: Weizenkorn A 6, S. 37–39.

HOCHFEST HL. PETRUS UND HL. PAULUS
29. Juni

2 Tim 4,6–8.17–18

Hinführung zum Text
Wie konnte die frühe Kirche *„schwere Zeiten"* (3,1) der Gottesferne am besten bewältigen? In der Beantwortung dieser Frage stimmen die *Pastoralbriefe* (Hirtenbriefe: 1 und 2 Tim, Tit) überein: Die verantwortlichen Amtsträger müssen das apostolische Erbe treu bewahren und sie müssen an den Grundlagen des christlichen Glaubens unerschütterlich festhalten! Das „Leben" und die „Lehre" dieser Autoritäten in den Gemeinden müssen glaubwürdig übereinstimmen. Deshalb werden jene, „die fähig sind, auch andere zu lehren" (2,2), ermutigt, gestärkt und angeeifert! Sie, die „Hirten" der Gemeinden, haben die Pflicht, den *inneren* Ermüdungserscheinungen in den Gemeinden tatkräftig zu widerstehen; sie müssen aber auch den *äußeren* Gefahren, besonders den Irrlehren (gnostisierenden Systemen) begegnen können, um ihre Gemeinden vor Verwirrung und Verblendung zu schützen.

Wie ist die Pseudonymität zu verstehen?
Zunächst dürfen wir nicht vergessen, daß in der frühen Kirche für den größten Teil der schriftlichen Überlieferungen (mehr als zwei Drittel des Neuen Testaments: Die Evangelien, die Apostelgeschichte, der Hebräerbrief) der Inhalt weitaus wichtiger war als der Verfasser; deshalb wurden diese Texte ohne Angabe der Autorennamen (– also anonym –) geschrieben. Gleichzeitig ist aber auch die Tatsache interessant, daß man sich immer wieder auch ‚auf die Ursprünge' der christlichen Überlieferung zurückbezog und sich auf die Autorität der Apostel stützte: Bekannte Apostelnamen, in erster Linie Paulus, aber auch Petrus, Jakobus, Johannes... werden als ‚pseudonyme' Verfasser wichtiger Mahnschreiben angegeben. Genau in diesen Jahren, in denen die geordneten Gemeinde- und Amtsstrukturen in der frühen Christenheit entstanden, sehnte man sich nach der *apostolischen Kontinuität*. Manche Briefteile – ganz auffallend im Schlußteil des Zweiten Timotheusbriefs (persönliche Mitteilungen und Aufträge: 4,9–18) – werden von der Persönlichkeit dieses pseudonymen Verfassers geprägt. Diese geistgewirkte prophetische Rede (vgl. 1 Kor 14,29–31) wurde vorwiegend im paulinischen Missionsgebiet *dem* ‚Traditionsträger' (– im wahrsten Sinn des Wortes –), dem „Apostel" Paulus zugeschrieben; man war überzeugt, im Sinn von Paulus zu schreiben und seine „gesunde Lehre" (4,3) zu aktualisieren! Dies bot die beste

Garantie, Führungsprobleme zu lösen und gefährliche Irrlehren abzu-
wehren.

Erklärung des Textes
Die Perikope wählt die drei letzten Verse des paränetischen Haupttei-
les des Briefes (2,1 – 4,8). Paulus rechnet mit seiner baldigen Hinrichtung und – erfüllt von unermüdlichem Missionseifer – schreibt er sein
Testament. Unüberhörbar sind diese Worte und sein Mitarbeiter Ti-
motheus, der in sechs Paulusbriefen als Mitabsender genannt wird (1
und 2 Thess, 2 Kor, Kol, Phlm, Phil), wird in beschwörendem Stil aufgefordert, unbeirrt pastoral tätig zu sein. Es geht um die Bewältigung
schrecklicher Bedrängnisse (4,1–5). Leid und Kreuz können aber nur
nach dem ,*Vorbild*' von Paulus selbst siegreich durchlitten werden
(V. 7). Dieses Paulusbild, der ideale Typ der Überwindung größter
Lebenskämpfe zu sein (vgl. 1 Tim 1,18; 6,12: „den guten Kampf zu
kämpfen") und sich immer mutig zu bewähren, um den Siegeskranz
zu erhalten (vgl. 2 Tim 2,5), ist für diesen pseudonymen Paulusbrief
charakteristisch; Paulus selbst schätzt sich nicht als siegesbewußter
Held ein (vgl. 2 Kor 11,30: Er „prahlt" mit seiner Schwachheit;
12,5.9f) und läßt die zweifellos erstrebenswerte Nachahmung nicht in
solchen Worten niederschreiben; der Autor imitiert Paulus (1 Kor
4,16: „Haltet euch an mein Vorbild!"), der zwar schon in seiner frühe-
sten Korrespondenz auf das eigene Beispielgeben verweist (vgl. 1 Thess
1,6), aber sich nicht zum erhabenen Musterbeispiel des erlösten Menschen deklariert, wie dies hier geschieht (V. 8; vgl. 1 Tim 1,15f).
    Aus den persönlichen Mitteilungen (4,9–18), die beinahe die unmit-
telbare Echtheit dieses Briefteiles vorgeben möchten, nimmt die Perikope die letzte Szene (VV. 17–18) dieser Abschiedsrede heraus: Die
vertrauensvolle Zuversicht angesichts des Todes beruht auf der ständigen Erfahrung, daß es nur der *Kraft Gottes* zu verdanken ist, alle bitte-
ren Bedrängnisse zu bewältigen; bereits 3,11 sagte der Brief: „Aus allen
(= Verfolgungen) hat der Herr mich errettet!" Diese Situation des Lei-
dens (– im „Rachen des Löwen" zu sein; vgl. Ps 22,22; Dan 6,21.28;
1 Makk 2,60 –) ist in der Hoffnung auf die *endgültige Rettung durch
Gott* zu meistern. Es geht um die eschatologische Errettung, um die
end-gültige Vollendung des Lebens in der Herrlichkeit Gottes, dem
allein Ehre und Lobpreis gilt, wie die abschließende Doxologie bekennt.

Hubert Ritt

37

A 6   Exegese: Hochfest hl. Petrus und hl. Paulus

Mt 16,13–19

Hinführung zum Text

Die öffentliche Verkündigung und das Wirken Jesu in Galiläa (Mt 4,17 – 16,20) finden ihren krönenden Abschluß und Höhepunkt *im Petrusbekenntnis und in der anschließenden Verheißung an diesen Jünger,* dessen Autorität als Offenbarungstradent in der ‚Kirche' hervorgehobene Bedeutung hat (16,16–19). Diese ekklesiologische Tendenz des Evangelisten ist für die gesamte Bearbeitung der Cäsarea-Szene (16,13–28) grundlegend: Die aus dem Judentum kommenden Leser/Hörer dieses ‚Petrus'-Evangeliums sollen in das christliche Messiasverständnis eingeführt werden, das im ‚dogmatischen Petrusbekenntnis' gipfelt: „Du bist der Sohn des lebendigen Gottes" und so in seiner christologischen Tragweite über die Markus-Vorlage (8,27–29) hinausgeht. Die matthäischen Sonderüberlieferungen über Petrus (14,28–31: Seewandel; 16,16–19: Verheißung; 17,24–27: Erzählung vom Stater im Fischmaul) steigern die Rolle des Petrus für die *Bindung der Lehre der Kirche an die Lehre Jesu.*

Zur Texterklärung

1. *Die Jüngerbefragung und das Petrusbekenntnis* (VV. 13–15) werden bereits im Markus-Rahmen (8,27–29; Lk 9,18–20) mit einem Schweigegebot (Mk 8,30; Mt 16,20; Lk 9,21) fortgeführt und mit der Leidensvoraussage (Mk 8,31; Mt 16,21; Lk 9,22) und der Petrusschelte (Mk 8,32f; Mt 16,22f) abgeschlossen. Das Ereignis wird (V. 27) in der Hauptstadt der Tetrarchie des Herodes-Sohnes Philipp (4 v. Chr.– 34 n. Chr.) lokalisiert: Der friedliche und römerfreundliche Philipp residierte im alten Panias am Hermon (an den Jordanquellen) und nannte die vorwiegend heidnische Stadt *Cäsarea Philippi.*

a) Jesus stellt *von sich aus* die Frage (– im Gegensatz zu Mt 26,63, wo der Hohepriester fragt und ebenfalls ein Menschensohn-Wort folgt: 26,64 –), die in der Volksmeinung nicht klar beantwortet wird, so daß der Kontrast zum später folgenden Jünger-Bekenntnis besonders hervorgehoben wird; es werden vage Identifizierungen mit Johannes dem Täufer versucht oder man denkt an ‚wiederkommende', jetzt in den Himmel ‚entrückte' Gottes-Boten, wie Elija oder – über Markus hinaus – an Jeremia.

b) Das *Messiasbekenntnis des Petrus,* der als Sprecher der Jünger sofort klar antwortet, wird durch die Hinzuführung ausgestaltet: „Der Sohn des lebendigen Gottes" (V. 16). Dieser volle christliche Klang des Bekenntnisses schließt bereits jede falsche Messias-Erwartung aus; kein theokratischer König oder irdisch-

nationaler Befreier führt die Jünger an; und es wird nur der glau-
bend-hörenden Gemeinde möglich sein (– deshalb wird V. 20 das
Schweigegebot hinzugefügt –), *im Licht des christlichen Oster-*
glaubens zu begreifen: Die *Zeit des Heiles* wird – so verdeutlicht
das „Menschensohn"-Wort (V. 13 bei Mt nimmt den Titel von
Mk 8,31 voraus) – nur durch das Leiden und Sterben Jesu zur
Erfüllung gelangen, bis der zu Gott Erhöhte kommen wird (vgl.
V. 28). Wie ist aber diese kerygmatische Aussage (– vgl. die kate-
chetische Formulierung im Zwischenstück vom schwachgläubi-
ben Petrus beim Seewandel: 14,33 –) vom „Sohn des lebendigen
Gottes" möglich? Matthäus wird zu einer redaktionellen Weiterbildung (V. 17) veranlaßt.

2. Daß es sich um ein *geoffenbartes* Gottessohnbekenntnis handelt,
   betont die *Seligpreisung des Petrus* (V. 17).
   a) Sie ist unter Aufnahme von Spruch-Teilen der Q-Überlieferung
      gebildet (vgl. Lk 10, 15.21–25: „selig", „geoffenbart", „mein Va-
      ter" . . .) und zeigt in ihrer Struktur (2. Person Singular, Namens-
      nennung, ohne konditionalen Nachsatz), daß es sich um die In-
      vestitur eines verantwortungsvollen *Offenbarungsträgers* han-
      delt; der Offenbarungswille Jesu steht hinter diesem Petrusbe-
      kenntnis;
   b) sie läßt auf frühe aramäische judenchristliche Überlieferungen
      schließen, z. B.: Barjona (= Sohn des Jona bzw. Johannes: Joh
      1,42; 21,15–19), ‚Fleisch und Blut' für den ‚Menschen' usw., wo-
      bei diese Elemente auch in den folgenden Versen auffallen
      (Hadespforten, ‚Binden und Lösen' . . .).
3. Die *Verheißung vom eschatologischen ‚Kirchen-Bau'* (V. 18) auf
   dem Felsen-Fundament des Petrus setzt bereits eine bestimmte Gestalt der ‚Gemeinde Jesu Christi' („meine ekklesia") voraus.
   a) Es wird ein bereits *griechisches Wortspiel* aufgenommen: Zu
      dem beständigen Felsengrund (‚petra') wird Petrus (der edle
      Stein; die Übersetzung von Kephas, das bereits griechische
      Transkription des aramäischen Wortes kepha' ist) erklärt, wobei
      die Erstberufung des Simon durch den Auferstandenen (1 Kor
      15,5) reflektiert wird; diese *österliche Christus-Erfahrung* legiti-
      miert ihn, Ur-Grund der eschatologischen Heilsgemeinde zu
      werden; so verdrängt dieser Beiname („Amtsname") Petrus bald
      den griechischen Eigennamen Simons, des Fischers aus Betsaida.
   b) Hier wird deutlich, daß der *Autoritätsanspruch des Petrus* als des
      Führenden der drei „Säulen" (Gal 2,9) im Zusammenhang mit
      dem antiochenischen Zwischenfall (Gal 2,11–21) Bestand hatte.
      Es geht aber nicht um einen *Petrus*-Primat, sondern um die

Treue zu Jesus, die sich der apostolischen Tradition verpflichtet weiß und in der Person des Petrus speziell verbürgt ist.

c) Die Form der in vorösterliche Zeit datierten *Epiphanie (Christophanie)* wird sichtbar: Was der „Vater" „*offenbart* hat" (V. 17), das „sagt" nun auch der Sohn (V. 18: „Ich aber sage dir"; vgl. Lk 10,23: im Plural in derselben Satzkonstruktion); das Bild vom *eschatologischen* Tempelbau (vgl. das Tempellogion Mt 26,61 und Offb 21,14) wird auf die *gegenwärtige* Gemeinde angewendet. Der direkte Gegensatz zur fest ummauerten Unterwelt (Hades), dem Totenreich, wird sichtbar; die Gegenwart des Auferstandenen garantiert der weltweiten Gemeinschaft der Jesus-Jünger bleibenden Schutz (vgl. 28,20).

4. In einer traditionsgeschichtlich bereits vor der matthäischen Redaktion vorliegenden Verbindung der drei Sprüche vom eschatologischen Kirchenbau, der Schlüsselvollmacht und der Binde- und Lösegewalt (VV. 18f) steht immer *vor* jeder ‚Amtsfrage' eine weitaus wichtigere Tatsache: *Die Jüngergemeinde* weiß sich aufgrund der österlichen Erscheinungen vom Herrn selbst ‚*bevollmächtigt':* Dies bringt auch die Übergabe der Schlüsselvollmacht (V. 19a) zum Ausdruck; in der Gegenüberstellung (vgl. die Q-Überlieferung in Lk 11,52/Mt 23,13) zu den jüdischen Schriftgelehrten wird hier *Petrus* für die missionarische Verkündigung, für die Lehrgewalt und Leitung der Gemeinden eingesetzt.

5. Das *Vollmachtswort vom „Binden und Lösen"* (V. 19b) des Petrus muß im Zusammenhang mit der „Weisungsrede für die Gemeinde" (Mt 18) gesehen werden, wo im Plural (18,18) und an die Adresse der Jünger (18,2) die charismatisch-prophetische Vollmacht urchristlicher Glaubensboten übertragen wird. Von allen *österlichen* Auftrags- und Vollmachtsworten (vgl. Mt 28,18–20; Lk 24,44–49; Joh 20,21–23) läßt sich sagen, daß immer eine Vollmacht *für die Glaubenden* (z. B. Umkehr zur Vergebung der Sünden) an die Jünger übertragen wird; die älteste uns greifbare Gestalt eines solchen Vollmachtswortes liegt Mt 16,19b vor: Petrus ist mit der Vollmacht ausgerüstet, die ‚Einlaßbedingungen' in die ‚basileia' zu interpretieren; er – Petrus – wird *zur apostolischen Norm* der von Jesus und seinen Jüngern angesammelten Heilsgemeinde (‚Kirche').

Hubert Ritt

HOCHFEST MARIÄ AUFNAHME IN DEN HIMMEL

15. August

1 Kor 15,20–26.28

In diesem Abschnitt kann man den Höhepunkt von 1 Kor 15 sehen. Zuvor hat Paulus die ganze Nichtigkeit einer Existenz ohne Auferstehungshoffnung deutlich gemacht (VV. 12–19). Und nun folgt seine positive Darlegung des Inhalts der christlichen Erwartung. Der grundlegende Ausgangspunkt dabei ist das formelhafte Bekenntnis von der Auferweckung Christi (V. 20; vgl. schon VV. 4 und 12). Diese ist nämlich nicht nur die erste in einer Reihe, wie es der erläuternde Ausdruck „erster (Erstlingsfrucht) der Entschlafenen" zunächst besagt, sondern die jede weitere Auferweckung ermöglichende und begründende Ursache. Das zeigen die Verse 21.22 mit dem Gegensatzpaar Adam – Christus. Im Hintergrund steht dabei, da ja betont der eine „Mensch" einem anderen gegenübersteht, die Vorstellung vom Urmenschen, freilich insofern eschatologisch abgewandelt, als nun in Entsprechung zu dem irdischen, todbringenden Menschen der Urzeit der Antityp des himmlischen, lebenbringenden Menschen der Endzeit erscheint (vgl. VV. 45–49). Dieses Schema führt Paulus allerdings nicht konsequent durch. Dem „Tod" auf der einen Seite entspricht auf der anderen nicht das „Leben", sondern die „Auferstehung der Toten" (V. 21), und dem gegenwärtigen „Sterben im Adam" nicht das jetzt schon geschenkte „Leben in Christus" (so sehr Paulus dieses sonst kennt und betont; vgl. Gal 2,20), sondern das zukünftige „Lebendiggemachtwerden in Christus" (V. 22). Auch der Kreis der Betroffenen ist nicht identisch: Nicht „alle", die von Adam abstammen, gehören zur neuen Menschheit, die schon mitten in der alten Schöpfung existiert (2 Kor 5,17; Gal 6,15), sondern nur „die (zu) Christus Gehörenden", wie es im Vers 23 heißt. Die ihnen geltende passivisch formulierte Zusage des Heils charakterisiert dieses als mit der creatio ex nihilo vergleichbare Tat des Schöpfergottes (vgl. Röm 4,17).

Wichtig ist nun in der Situation der Korinther offenbar die Feststellung, daß der genannte neue Schöpfungsakt erst noch, und zwar zu seiner Zeit, erfolgen wird: Alles hat seine Ordnung. In den folgenden Versen häufen sich nämlich die Ausdrücke, die von einer zeitlichen oder einer Rangordnung sprechen (Reihenfolge, erster, dann, das Ende, der Letzte; dazu sechsmal in den VV. 27.28 das Verbum „unterwerfen"). Daß nicht nur die Weltzeit, sondern auch das Endgeschehen nach einem göttlich festgesetzten Plan verläuft, ist zwar ein Grundgedanke der Apokalyptik. Aber Paulus greift ihn hier nicht als Selbstzweck oder zum Trost für Verfolgte auf, sondern er benutzt ihn zur

Bekämpfung eines Irrtums und Fehlverhaltens bei den Korinthern. Die Botschaft von der Auferstehung und neuen Schöpfung in Christus haben sie teilweise radikal und ausschließlich präsentisch verstanden. Das heißt, sie haben sich bereits als vollendet betrachtet, damit in einem Überspringen des leib- und welthaften Daseins sowohl Askese wie Libertinismus praktiziert (vgl. 6,12–20; 7,1–7; 10,23–32) und so auch keine Auferweckung mehr erwartet.

Gegen diesen Enthusiasmus betont Paulus hier die Zukünftigkeit der Auferstehung und der gesamten Heilsvorstellung. In der Aufzählung der drei Etappen in den Versen 23.24a beziehen sich nur die ersten beiden auf die Auferstehung. Den „Anfang" dieser „Reihe", in der jeder „an seiner Stelle" drankommt, hat Christus zwar schon gemacht; aber die Christen sind erst bei seiner Ankunft an der Reihe (vgl. 1 Thess 4,16f). Und erst dann kommt das „Ende". Damit ist nicht der „Rest" (der noch zu erweckenden Toten) gemeint, wie manche übersetzen, sondern – wegen der lexikalischen Wortbedeutung und weil Paulus sich nie über das Schicksal der Nichtchristen ausläßt – das Weltende, das Endgeschehen, das die Verse 24–28 in einem kleinen apokalyptischen Exkurs erläutern. Paulus zählt aber nur die wesentlichen Schritte des endzeitlichen Gefolges von Entmachtungen und Unterwerfungen auf. Vorausgesetzt ist dabei die Delegation der Weltherrschaft an den auferstandenen Christus. Bevor dieser sie wieder an Gott zurückgibt (V. 24), vernichtet er die gottfeindlichen Mächte, Gewalten und Kräfte, wie Paulus in typisch jüdischer, für ihn aber synonymer Begrifflichkeit sagt (vgl. Röm 8,28; Eph 1,21; 3,10; 6,12; Kol 1,16; 2,10.15; 1 Petr 3,22). Und wie schon der – von Paulus hier wahrscheinlich auf Christus übertragene – Psalm 110 sagt, „muß" er nach Gottes Plan „herrschen", bis er Gott (besser: sich) alle Feinde unterworfen hat (V. 25), als letzten den Tod (V. 26). Mit der Vernichtung des Tod-Feindes ist ihm also alles unterworfen. Und nun wird auch der Sohn selbst sich unterwerfen. Er wird die Herrschaft wieder an den zurückgeben, der ihm beziehungsweise in dessen Kraft er sich alles unterworfen hat. Dann wird Gott wieder allein und direkt herrschen. Nicht nur für das Verhältnis zum Sohn ist das aufschlußreich. Es ist auch die Vision einer Welt, die restlos frei ist von Bosheit und Vergänglichkeit, von Schuld und Trauer, weil ausschließlich Gott ihr Herr ist.

Walter Radl

Lk 1,39–56

Siehe die Auslegung von *M. Trautmann*, in: Weizenkorn C 6, S. 40–42.

II. Zur Liturgie

1. Zur Homilie

17. SONNTAG IM JAHRESKREIS: 1 Kön 3,5.7–12

Wunschkönig

I.

Zugegeben, als erstes ließ ich mich von der Übersetzung „hörendes Herz" verlocken. Aber die exegetische Beschäftigung zeigte sehr schnell, daß man diese Übersetzungsmöglichkeit besser nicht überstrapazieren soll. Auch wurde mir klar, daß ich diese Legitimationsgeschichte, aus der die Perikope eine Auswahl trifft, nicht isoliert vom Ganzen der Salomongeschichten in 1 Kön sehen konnte. So wird das Idealbild Salomos durch diese Geschichten selber mehr als angekratzt (so durch die Kapitel 1 und 2, die ein ungünstiges Licht auf den Weg zur Herrschaft werfen, oder die ans Lebensende verlegte Neigung zum Synkretismus). Aber das ist für die Geschichte Israels nichts Neues; die Sündenfälle werden nicht verschwiegen, und den Gott Israels halten sie nicht davon ab, seine Treue zu offenbaren. Auch beim märchenhaften König Salomo ist das Zwielicht nicht fortgenommen, das den Sohn Davids und Batsebas umfängt. Nachdem der Weg zur Macht von Rücksichtslosigkeit geprägt ist und seine Herrschaft kein gutes Ende nehmen wird, erscheint mir der Einschnitt mit Kapitel 3 wie eine großartige Inszenierung eines guten Anfangs; wenn auch vieles Ungute bleibt in der ‚Biographie' des Salomo, aber es war ein guter Anfang!

(Von einem alten Mönchsvater wird berichtet, wie er in der Anfechtung schrie: „O Gott, verlaß mich nicht! Ich habe in deinen Augen noch nichts Gutes getan, aber in deiner Güte gewähre mir, einen Anfang zu machen." – Vgl. Lebenshilfe aus der Wüste, Herder TB 763, S. 63.)

II.

Salomos Wunsch bei der Inthronisierung durch Jahwe gewinnt für mich erst sein richtiges Gewicht im Vergleich mit den Wünschen aus Märchen (etwa „Von dem Fischer un syner Fru", Grimm's Märchen Nr. 19; oder „Die drei Wünsche" s. unten). Diese Wünsche richten sich meist auf Reichtum und Besitz, die Habgier der Wünschenden läßt sie aber am Ende so arm sein wie zuvor. Salomos Wunsch zielt auf etwas, was sich nicht so einfach haben und besitzen läßt, nämlich auf Weisheit, auf ein verständiges (hörendes) Herz. Wenn man so will, Salomos Wunsch meint nicht das ‚Endprodukt' – der Besitz ist das Ergebnis des Erwerbs –, sondern den Weg dahin, den Prozeß des Lernens, was gut und was schlecht ist. Der Wunsch nach dem verständigen Herz hat etwas Offenes. Zwei Texte haben mir dabei weitergeholfen: Wenn du deinen Höhepunkt erreichst, sollst du Wünsche aussprechen, aber nur um zu wünschen; und du sollst hungern für den Hunger; und du sollst für den größeren Durst dursten (K. *Gibran,* Sand und Schaum, S. 54).

Middle Class Blues:

Wir können nicht klagen.
Wir haben zu tun.
Wir sind satt.
Wir essen.

Das Gras wächst,
das Sozialprodukt,
der Fingernagel,
die Vergangenheit.

Die Straßen sind leer.
Die Abschlüsse sind perfekt.
Die Sirenen schweigen.
Das geht vorüber.

Die Toten haben ihr Testament gemacht.
Der Regen hat nachgelassen.
Der Krieg ist noch nicht erklärt.
Das hat keine Eile.

Wir essen das Gras.
Wir essen das Sozialprodukt.
Wir essen die Fingernägel.
Wir essen die Vergangenheit.

Wir haben nichts zu verheimlichen.
Wir haben nichts zu versäumen.

Wir haben nichts zu sagen.
Wir haben.

Die Uhr ist aufgezogen.
Die Verhältnisse sind geordnet.
Die Teller sind abgespült.
Der letzte Autobus fährt vorbei.

Er ist leer.
Wir können nicht klagen.
Worauf warten wir noch?

H. M. Enzensberger, aus: Gedichte 1955–1970. © Suhrkamp Verlag Frankfurt am Main 1971 „Middle Class Blues".

In der Terminologie *E. Fromms* würden die typischen Wünsche im Märchen eher dem Habensmodus der Existenz, der Wunsch Salomos aber dem Seinsmodus zuzurechnen sein, da Salomo etwas (oder besser: jemand) sein, werden will. Die Dynamik solcher Art zu wünschen macht Salomo wirklich zu einem Wunschkönig.

III.

Zielsatz: Ich will meine Hörer trösten, daß Gott sich trotz unserer Unvollkommenheit und Sünde an uns zeigt, solange wir im Vertrauen auf ihn Suchende und Werdende sind wie Salomo. Zu dieser Sehnsucht will ich sie ermutigen.

Einen Predigtverlauf stelle ich mir so vor:

1. Ich erzähle eins der Märchen (s. o.) nach und stelle die Wünsche dem Wunsch Salomos gegenüber.
2. An Beispielen aus der Gegenwart zeige ich auf, daß sich Menschen viel wünschen (Konsum, Besitz), aber auch die Erfüllung der Wünsche nicht sonderlich glücklich und erfüllt macht. Trotz der vielen Wünsche sind viele Menschen wirklich wunschlos, das heißt: ihre wirklichen Sehnsüchte artikulieren sich nicht (vgl. *H. M. Enzensberger*).
3. Wenn wir wünschen können wie Salomo, finden wir trotz unserer Halbheiten sogar in den Trümmern unseres Lebens Gott, finden wir uns selber in ihm.

IV.

Kurzfassung des Märchens ‚Die Drei Wünsche':

Ein Mann sprach einmal zu seinem Weibe: „Gott tut großes Unrecht an uns, daß er uns so elend in Armut leben läßt ... Darum laß uns wachen und inbrünstig bitten Tag und Nacht, daß er uns groß Gut verleihe, so wird er uns willfahren." ... So säumten sie denn nicht länger, beteten, wachten und fasteten mit Anstrengung und kannten keine Ermüdung, bis Gott ihnen schließlich einen Engel sandte, der dem Manne erschien und also zu ihm sprach: „... Dreier Wünsche Gewalt soll dein sein: was deine ersten drei Wünsche sind, das wird wahr ..." „Hei, so bin ich reich", erwiderte der Mann und eilte schnell zu seinem Weibe hinein. „Weib", sprach er, „unsere Not ist geendet, mehr als wie erbeten haben. Drei Wünsche sind uns gegeben, die werden alle wahr ..." Da entgegnete das Weib: „... Tu, worum ich dich bitte, und überlaß einen von den drei Wünschen mir ..." „Du sollst ihn haben", antwortete er, „aber paß mir auf, daß du was Rechtes dabei wünschest!" „So wolle Gott", sprach sie sogleich, „ich hätte jetzt das schönste Kleid auf dem Leibe, das je ein Weib in dieser Welt getragen." Kaum war der Wunsch geschehen, so hatte sie es auch schon an. „Unseliges Weib", rief da der Mann, „hättest du nicht gleich alle Weiber so schön kleiden können? Aber du bist nie jemandes Freund gewesen und hast eine geizige Seele. Daß dir doch das Kleid in den Bauch führe, wenn du so gefühllos bist, daß du einmal satt daran würdest!" Sogleich wurde das Wort wahr: das Kleid fuhr in das Weib und saß ihr im Bauch. Da begann sie fürchterlich zu schreien, denn es war ihr mehr als übel, und schrie und schrie immer lauter. Als man den Lärm vernahm, kamen die Nachbarn von allen Seiten zusammengelaufen und fragten, was es da gäbe? Da sagte sie ihnen, was geschehen war und daß ihr Mann sie in diesen Zustand gebracht. Das erfüllte ihre Freunde mit Zorn, lärmend und drohend drangen sie auf ihn ein ... Als er sah, wie die Frau litt und zudem seine Feinde ihn bedrohten, blieb ihm keine Wahl: „So möge denn Gott sie sanft erlösen", rief er, „daß sie gesund sei wie vordem." Da hörten die Schmerzen auf, und alles stand, wie es ehdem gestanden. So hatten die drei Wünsche ein schmähliches Ende genommen, und die beiden waren arm, wie sie es immer gewesen ...

Aus: Geschichten aus dem Mittelalter, it 161. Herausgegeben und übersetzt von *Hermann Hesse,* © Suhrkamp Verlag, Frankfurt am Main, S. 212–214.

Bernd Grandthyll

19. SONNTAG IM JAHRESKREIS: 1 Kön 19,9a.11–13a

Gott ist anders

I.

Was war Elija doch für eine Persönlichkeit! Er trotzt dem König Ahab und seiner einflußreichen Frau Isebel. Er zwingt Gott auf dem Karmel zu einem Gottesurteil zwischen den Baalspriestern und ihm. Und als er gewinnt, da macht er mit den Verlierern kurzen Prozeß: 600 Baalspriester werden erschlagen. Eine starke Persönlichkeit, dieser Elija! Einer, der keine Angst hat, die Mächtigen zu kritisieren, der die Gunst der Stunde nutzt und zuschlägt. Ein großer Prophet. Ein Prophet des großen, allmächtigen Gottes.

Doch dann verliert auch ein Elija den Mut. Er geht in die Wüste, will aufgeben. Elija wird schwach und braucht Stärkung, dann aber marschiert er los zum Berge Gottes, um Gott dort dazu aufzurufen, nun selbst einmal mit Blitz und Donner einzugreifen – wie in der Geschichte von der Verkündigung der Zehn Gebote damals, als das Volk zitterte vor dem Gott, dem die Naturgewalten gehorchten.

Aber dann erfährt Elija: Gott ist ganz anders, als er sich vorgestellt hat. Gott ist unfaßbar und sanft wie ein Windhauch. Er regiert nicht mit eiserner Faust auf der Welt; er wirkt durch Menschen, die ihre Aufgabe sehen und tun. Für Elija zerbricht das Bild, das er sich von Gott gemacht hat. Er erfährt: Gott ist anders. Und er geht zurück, um die Aufgabe zu erfüllen, die Gott ihm zugedacht hat.

II.

Ich möchte mit den Hörern darüber nachdenken, wie sie, wie wir uns Gott vorstellen. Wenn diese unsere Gottesvorstellungen zerbrechen/enttäuscht werden, sind wir dann fähig und bereit umzulernen? Ich möchte die Zuhörer dazu bewegen, verbreitete Gottesvorstellungen in Frage zu stellen und anders von Gott zu denken.

III.

In der Predigt gehe ich von enttäuschten Gottesvorstellungen aus. Ich kann z. B. Bezug nehmen auf einen Film wie Holocaust oder auf ein empörendes Unrecht in der Tagespolitik; ich persönlich gehe gern von einem eigenen Erlebnis aus, wie es jeder Seelsorger kennt. Jedenfalls soll die Situation so sein, daß die Frage herausspringt: wie kann/konnte Gott das zulassen? Warum greift/griff er nicht ein? Wie kann ich an einen Gott glauben, der so etwas geschehen läßt? Solche Enttäuschungen von Gottesvorstellungen können sehr tief gehen; bei entsprechenden Erlebnissen oder Schilderungen werden sie von vielen

Zuhörern geteilt, sind vielleicht sogar ein Problem für den Prediger selbst. Ich halte es für sehr wichtig, solche Enttäuschungen sehr ernst zu nehmen und nicht mit einer flinken Antwort zur Hand zu sein!

Im zweiten Teil der Predigt weise ich darauf hin, daß wir mit solchen Erfahrungen nicht allein stehen. Ich zeige hier (evtl. in Ergänzung einer Einleitung zur Lesung), wie Elija, der große Prophet, sich Gott vorstellte und wünschte: als einen Gott, der einschreitet mit Blitz und Donner, mit Macht von oben. Seine Enttäuschung führt ihn in die Wüste, an den Rand seiner Existenz.

Nach einem langen Weg durch die Wüste aber erfährt Elija: Gott ist anders, als er sich vorstellte. Die Vorstellungen, die er aus der Geschichte der Sinaigesetzgebung hatte, werden zerbrochen: immer wieder heißt es: Gott ist nicht im Sturm, nicht im Erdbeben, nicht im Feuer.

Und doch wird hier nicht nur ein Bild, eine Vorstellung von Gott zerstört; als Elija seine Augen verdeckt, erfährt er etwas Neues von Gott: Gott ist wie ein leiser Windhauch, das heißt, Gott ist unfaßbar und Gott ist sanft. Er ist spürbar nah und will durch Menschen wirken, die seinem Wort folgen. In diesem Glauben kehrt Elija zu seiner Aufgabe zurück.

Im letzten Teil der Predigt will ich mit Bezug auf das Leben Jesu zeigen, daß Gott immer noch so ist, wie Elija erfuhr: daß er auch in Jesus nicht dreinschlug. Jesus hatte Verständnis für die Versager. Und Gott hat auch Jesus nicht mit Gewalt herausgehauen, sondern in ihm unsere Fragen und Leiden geteilt. Das war unfaßbar – für die Jünger damals ebenso wie für uns heute. Gott schlägt nicht drein – er ist sanft, er leidet mit. Er ist uns nah in Jesus und wirkt weiter durch Menschen, durch andere Menschen, durch uns, wenn wir ihm glauben und seinem Wort folgen, dem Wort Jesu, einander zu leben.

Zuletzt will ich die Hörer vor eine Alternative stellen. Gott enttäuscht manchmal unsere Erwartungen/Vorstellungen. Das kann uns in die Wüste führen und am Sinn des Lebens und des Glauben zweifeln lassen. Wir stehen vor der Wahl, entweder den Glauben an Gott überhaupt aufzugeben, weil Gott nicht so ist, wie wir wollen, oder zu versuchen, anders von Gott zu denken und zu glauben: er ist uns – gerade in schweren Stunden – unfaßbar nah und er ist sanft. Dieser Glaube kann die Kraft geben, selbst das zu tun, wozu Gott uns beauftragt.

Herbert Kaefer

20. SONNTAG IM JAHRESKREIS: Mt 15,21–28

Ich glaube an Jesus Christus – Ich spreche mit Jesus Christus

Zielsatz

Ich möchte im Dienste des einen Glaubens verschiedene Wege des Glaubens vorstellen und so Polarisierungen mildern, die unter den Gläubigen sich breit machen (für Nicäa gegen Arius!).

Ein ungewöhnlicher Vorbereitungsprozeß

Er begann wie üblich und richtig mit dem *Lesen und Studieren* des Textes. Die exegetische Vorarbeit und *R. Pesch* in „Das Markusevangelium. Herders theologischer Kommentar" erwiesen sich als nützlich (par Mk 7,24–30). Obleich von *R. Pesch* gewarnt, reizte es mich, den ‚Dialog' in die Mitte der Predigt zu stellen und die ‚Fernheilung' zu vernachlässigen.

Dazu veranlaßte mich die brisante *dogmatische* Seite des Textes. Ich meine nämlich hier einen Lernprozeß Jesu zu erkennen. Damit hatte ich das Stichwort ‚Wissen Jesu' vor Augen. Um das uns von meinem Lehrer *R. Geiselmann* geduldete Höchstmaß von „drei Häresien in einer Predigt" nicht zu überschreiten, stieg ich in den Keller, um von dort den sonst kaum benützten ‚Denziger' heraufzuholen. Mir schwante, daß dieser Text mich einer Häresie verflixt nahebringen würde, die die Hüter des Glaubens seit dem 7. Jahrhundert bekämpfen (D 248), daß nämlich Jesus hinzulernen müsse und könne. Dies behaupteten u. a. die Modernisten (Neuner-Ross 311–313), gegen die ich immerhin einmal einen ‚Antimodernisten-Eid' abgelegt habe. Wie wenig dieses Fragen nach dem ‚Wissen Jesu' in die Rumpelkammer theologischer Spitzfindigkeiten gehört, wurde mir peinlich klar, als ich vom ‚Wissen Jesu' zum ‚Wissen der Kirche und des Papstes' fortschritt.

Daß man hier nicht nur den alten herkömmlichen johanneischen Spuren folgen muß, sagte mir aber eindeutig der Text bei Matthäus (Anruf der Frau – Abweisung durch Jesus – erneutes Bitten durch die Frau – Gewähren Jesu), das Wort des Lukas „Jesus aber wuchs heran, und seine Weisheit nahm zu ..." (Lk 2,52) und schließlich *H. Riedlinger* im LThK, 2. Aufl., Bd. 10, Sp. 1193f, wonach, im Gegensatz zu Johannes – bei dem die Geschichtlichkeit des Wissens Jesu kaum mehr in den Blick komme –, die Synoptiker spannungsreiche Aussagen machen.

Die heutige Theologie mit ihrem „geschärften Blick für die Perspektivität der biblischen Zeugnisse" *(H. Riedlinger)* war nun zu befragen. *W. Kasper,* Jesus der Christus, 7. Aufl., S. 249, warnt, die „brüderliche

Dimension" Jesu zu vergessen. Dazu gehört, meinte ich, daß er zu einem echten und nicht nur gestellten Dialog willens und fähig war. Nicht nur ein „auf der Erde wandelnder Gott"! Mir schien es wichtig, die liebenswürdige Menschlichkeit des Herrn, den Hörern in Erinnerung zu bringen: Hören – Lernen – Handeln. Diese Art Jesu, mit Menschen zu verkehren, könnte ja abfärben auf die Art, in der Kirche miteinander umzugehen.

Es machte mich stutzig, daß die Kommentare mein Problem der ‚Lernfähigkeit Jesu' hier nicht bemerken.

Trotzdem meine ich nicht, man solle dieses zugleich christologische wie ekklesiologische Grundthema in einer Predigt der Gemeinde zumuten, jedoch konnte ich daraus eine Predigtreihe gestalten, ihr Thema: „Dialog mit Christus? – mit der Kirche? – in der Kirche?". Mit dem vorgeschlagenen Thema bleibt man näher beim Text und beim Hörer, ohne die dogmatische Frage auszuklammern.

Schwache ‚Predigt-Beziehungen'
Sehr diffus sehe ich die Hörer vor mir: Es werden wohl die treuen Kirchgänger sein, womit nicht gesagt werden soll, daß die Probleme ‚außerhalb' nicht auch ihre seien. – Viele der Hörer erleben soeben einen Urlaub oder haben ihn gerade hinter sich. Die Erfahrungen mit Menschen im Urlaub zum Glauben hin oder fort von ihm dürften ein Einstieg sein. Ich werde darauf achten, ob die nämliche Gemeinde bereits in den vergangenen Predigten zum Thema ‚Glauben' bedacht wurde und was da gesagt wurde. – Polarisierungen in Glaubensfragen innerhalb der Gemeinde werde ich auf keinen Fall verfestigen, aber ungeniert ansprechen.

Stichworte zum Verlauf einer Predigt
Ich glaube an Christus – ich spreche mit Christus
Voraus Das ist kein Gegensatz! Als Beispiel gelte dies Evangelium.

Motivationsmöglichkeiten
– „Mein Vater spricht nicht mit mir! Ich vertraue ihm und folge ihm. Braucht er aber kein Gespräch? Weiß er schon alles?"
– „Papst Johannes Paul im Kölner Dom. Wie aufmerksam! Lernt er hinzu? Manche sagen: Nein! Ich weiß es besser . . ." (Konkrete Beispiele . . .).

Das Gespräch Jesu mit der Frau
Schilderung des Dialogs. – Hervorheben der Härte der Ablehnung. – Bedeutung damals: Erweiterung des Missionsgebietes.

Bedeutung heute: Gespräch mit den „Anders- und Nichtgläubigen"
(vgl. Vaticanum II). – (Unser) Mein Glaube? „Im Gehorsam des
Herrn" oder „Im Gespräch mit ihm?"

Diese Frau glaubt dem Herrn

So zumindest nennt sie ihn. – Ein Herr kann Gehorsam erwarten. Jesus erwartet freiwillige Nachfolge. Als Gläubiger kommt man nicht
umhin, ja, es gehört zum wertvollsten, was der Glaube schenkt, daß
man seinen Einladungen folgt. „Einladungen Jesu sind immer mehr
als Einladungen" *(H. U. Balthasar).* Er sagt „geht"! – „eßt!" –„trinkt!" –
„betet!". Darüber gibt es keine Diskussion, wohl über das „wie und
wann und warum"? Für den Gläubigen gibt es Gebote über die er
nicht zu verfügen hat! Sie sind gesprochen in der Autorität dessen, der
sagte: „Ich aber sage euch..." und „Ich bin..." Dieses ist der unverzichtbare Weg zum Glauben, der auch übliche, aber nicht alleinste-
hende.

Diese Frau spricht mit dem Herrn

Sie ist nicht nur eine mutige und beharrliche Mutter. Sie glaubt an
den Herrn und deshalb an seine alle umfassende Barmherzigkeit. Die
Jünger bleiben eng, Jesus öffnet sich. Wir preisen diesen Augenblick,
in dem er ganz ‚er selbst‘ wird. Diese Frau erlebt dies als Stunde der
Heilung. (Fehlform der Gesprächslustigen: Sie lieben das Gespräch
und meiden den Gehorsam.)

Anfragen

– welcher Art der eigene Glaube sei...
– wie man erzogen ist ... zum Glaubensgehorsam und zum Gespräch...
– wie man mit ‚Andersgläubigen‘ umgeht...
– wie gesprächsbereit man (Gemeinde) ist...
– ob man Ergebnisse solcher ‚Glaubensgespräche‘ akzeptiert und
   exemplifiziert?

Josef Anselm Adelmann

21. SONNTAG IM JAHRESKREIS: Mt 16,13–20 (evtl. VV. 21–27)

Für wen hältst Du mich?

Das Evangelium des heutigen Sonntags beschäftigt mich schon seit vielen Jahren. So blättere ich zunächst in meinen eigenen Texten: *F. Kerstiens,* Der Weg Jesu, Topos Nr. 14, Mainz 1973, S. 38–40; *F. Kerstiens,* Schlaglichter, Stuttgart 1978, S. 182–184; Vom Wort zum Leben, Lesejahr C, Nr. 7, Stuttgart 1980, S. 49–51. An diese Texte möchte ich auch jetzt anknüpfen. Bis heute ärgere ich mich darüber, daß die neue Perikopenordnung den folgenden Abschnitt, der vom Versagen des Petrus spricht, erst am 22. Sonntag liest. Immerhin gehört jetzt auch das Versagen in die offizielle Verkündigung der Kirche hinein. Früher wurde ja dieser Abschnitt völlig verschwiegen. Dem Evangelisten war aber offensichtlich der Zusammenhang zwischen dem Bekenntnis und dem Versagen des Petrus wichtig. So wird es gut sein, am 21. und am 22. Sonntag diesen Zusammenhang aufzugreifen.

Bekenntnis und Versagen
Bei den Jüngern Jesu gibt es keine geradlinige Nachfolge. Ihr Glaube erweist sich oft als Kleinglaube. Sie sind schwer im Begreifen. Bis zuletzt spielt der Kampf um die ersten Plätze eine Rolle bei ihnen. In der Leidensgeschichte laufen sie alle davon. Einen leidenden Messias können sie nicht begreifen. Zugleich aber auch: welche Entschlossenheit! Sie verlassen alles (wenn das auch nicht sehr viel war) und folgen ihm nach. Als die Massen des Volkes sich abwandten, blieben sie doch treu. Sie begleiteten Jesus auf dem Weg nach Jerusalem, obwohl bange Ahnung in ihnen aufstieg. Wie sollten sie auch in ihrem kümmerlichen Zug den Beginn des Gottesreiches erkennen?

In Petrus finden wir diese beiden Seiten wie in einem Prisma gebündelt. Ich finde es großartig, daß die Urkirche dies nicht verschwiegen oder vertuscht hat! Wenn ich mir die Kirchengeschichte anschaue, wie ich sie gelernt habe, dann kam darin das Versagen nicht so vor. Wenn ich mir die Erklärungen vor Augen halte, mit denen offiziell z. B. das Verhalten der Bischöfe und der Kirche im Dritten Reich verständlich gemacht werden soll, dann fehlt mir darin das deutliche Eingeständnis von Irrtum und Schuld. Die Urkirche hatte offensichtlich solche Verdrängungen nicht nötig! Was ist das für eine Kraft des Glaubens, die den eigenen Unglauben aushält! Die Urzeugen des Glaubens werden nicht nachträglich verklärt, ihr Bekenntnis und ihr Versagen, ihr Glaube und ihre Schuld werden vielmehr selbst Gegenstand des Evangeliums. Oder besser: Es ist Frohe Botschaft, das Jesus die Jünger trotz des Versagens nicht auswechselt, daß er ihnen immer wieder die

Chance des Neuanfangs gibt, daß er an ihrem Glauben und an ihrer Liebe wieder anknüpft. Er löscht den glimmenden Docht nicht aus und zerbricht nicht das angeknickte Rohr. Das gilt auch für dich und mich, das gilt für seine Kirche, das Haus voll Glorie und voll Schuld. Das heißt: die Mächte des Todes werden sie nicht überwältigen, trotz aller Schuld. Wir brauchen nichts zu verdrängen, ja wir dürfen nichts verdrängen, weil verdrängte Schuld nicht vergeben werden kann, nur eingestandene und bekannte Schuld.

Unsere Antwort ist unser Leben
Ihr aber, für wen haltet Ihr mich? Diese Frage ist auch an uns gerichtet. Ich habe oft das Experiment gemacht, an dieser Stelle das Evangelium abgebrochen und die Anwesenden eingeladen, in einer Zeit der Stille darüber nachzudenken und eventuell zu sagen oder aufzuschreiben, wie denn ihre persönliche Antwort auf diese Frage lauten würde. Fast alle Teilnehmer antworteten nicht mit auswendig gelernten Formulierungen, sondern mit Erfahrungen aus dem eigenen Leben, was Jesus für sie bedeutet im Blick auf ihr Verhalten zu den Menschen, was Jesus für sie bedeutet im Blick auf ihr Gottesverständnis. Auch Petrus muß lernen, daß das orthodoxe Bekenntnis „Du bist der Messias, der Sohn des lebendigen Gottes!" wichtig ist und von Jesus gewürdigt wird. Aber es ist nicht alles. Zu dem Bekenntnis muß das eigene Leben treten, in dem die Antwort wahr gemacht werden muß. Weil Petrus den Kreuzesweg Jesu nicht mitgehen, sondern ihn sogar davon abhalten will, wird er trotz des richtigen Bekenntnisses zum Satan.

Die Frage, für wen wir Jesus halten, beantworten wir auch immer schon indirekt durch unser Leben. Sie ist in allen Antworten und Entscheidungen unseres Lebens mitenthalten. Wenn wir über unser Glaubensbekenntnis nachdenken, müssen wir auch diesen indirekten Antworten auf die Spur kommen: Wozu ich meine Zeit gebrauche, wie ich anderen Menschen begegne und über sie urteile, wie ich über die Rüstung denke und über den Frieden, wie ich mich für Gerechtigkeit einsetze, auch dort wo ich keine Zustimmung finde, – das sind nur ein paar zufällig herausgegriffene Fragen, an denen meine Antwort sichtbar wird, was ich denn von Jesus halte. Sonst sind alle aufgesagten Glaubensbekenntnisse nur eine Sache der Lippen, nicht des Herzens. Orthodoxie und Orthopraxie gehören zusammen. Es ist gut, daß dies trotz mancher Widerstände in unserer Zeit wieder deutlicher wird.

Deswegen hat auch unser Glaubensbekenntnis im Gottesdienst nur Sinn im Zusammenhang mit unserem Leben. Das Glaubensbekenntnis muß unser Leben und unser Leben unser Bekenntnis auslegen.

Von daher ergeben sich zwei verschiedene Predigtthemen, eventuell könnte man sie auf den 21. und 22. Sonntag aufteilen. Die *Zielsätze* lauten dann:

1. Ich möchte die Zuhörer ermutigen, den Zwiespalt zwischen Glaube und Unglaube, zwischen Liebe und Schuld in ihrem eigenen Leben anzunehmen und auszuhalten, ohne Verdrängungen, und dieses Annehmen selber als eine Form des Glaubens zu begreifen.

2. Ich möchte den Zuhörern helfen, sich des Zusammenhangs zwischen ihren direkten und indirekten Antworten auf die Frage nach ihrem Glauben bewußt zu werden. Dann können manche Glaubensschwierigkeiten, die sich nur an den Formulierungen festmachen, leichter überwunden werden, und die Fragen meines Verhaltens als Christ in der Nachfolge Jesu gewinnen wieder die ihnen zustehende Bedeutung.

Der Predigtverlauf ergibt sich daraus, angereichert und belegt durch persönliche Erfahrungen des Predigers.

Ferdinand Kerstiens

Siehe auch *P. Hitzelberger,* Entscheidung für Jesus Christus, in: Weizenkorn A 6, S. 59 ff.

HOCHFEST HL. PETRUS UND HL. PAULUS: Mt 16,13–19

29. Juni – Am Tag

Entscheidung für Jesus Christus

Zielsatz:
Ich möchte die Hörer anregen, anhand des Lebensweges der beiden Apostel über ihre eigene Entscheidung für Jesus Christus nachzudenken.

Erste Begegnung mit dem Fest und seinen Texten
Das Fest Petrus und Paulus steht mir aus verständlichen Gründen sehr nahe. In meinem Namenspatron finde ich mich selbst wieder. Seine Entscheidung, Jünger Jesu zu sein, ist nicht ohne Widersprüche (z. B. die Verleugnung) und dennoch hat er daran festgehalten. Dieser ganz normale Reifungsprozeß in seinem Leben der Nachfolge bringt ihn meinem Leben sehr nahe, das auch Widersprüche und Grenzen kennt.

Der Weg des Paulus erscheint zwar ganz anders (nachösterliches Bekehrungserlebnis), aber in seiner Entschiedenheit, für die Botschaft Jesu alles einzusetzen, ist er mir als Vorbild sehr wichtig.

Beim ersten Lesen der Texte bleibt mein Blick dann an der Frage des Evangeliums hängen: „Ihr aber, für wen haltet ihr mich?" Wenn ich an meine eigene Entscheidung in die Nachfolge Jesu denke, so war diese persönliche Anfrage auch für mich ganz wesentlich. Bis heute ist dies die entscheidende Frage meines Lebens geblieben: Wer bin ich für dich? Bin ich der ganze entscheidende Inhalt deines Lebens?

Ich meine, daß sich jeder Christ dieser Frage in seinem Leben stellen müßte. Das Leben der beiden Apostel empfinde ich als sehr hilfreich, um mich dieser wesentlichen Frage zu stellen und eine ganze Entscheidung für Jesus Christus zu treffen. In meiner Predigt möchte ich deshalb diese Entscheidung zum Thema machen.

Identifikationspunkte meiner Entscheidung für Jesus im Leben der Apostel
Im weiteren Verlauf der Vorbereitung mache ich mir nun einige Gedanken über diese Entscheidung im Leben der Apostel und suche nach Identifikationspunkten für meine Frage: Was bedeutet mir Jesus Christus?

Petrus und die übrigen Jünger hatten Jesus kennengelernt. Sicher waren sie schon von seiner natürlichen Ausstrahlungskraft angezogen. Sie hatten Erwartungen an ihn, nachdem er vom Anbruch des Gottesreiches sprach, das ausgerechnet unter ihnen beginnen sollte. Seine Gleichnisse und Symbolhandlungen verfestigten in ihnen wohl den Eindruck: Gott handelt an seinem Volk gemäß den Verheißungen. Immer drängender mag daher die Frage für sie geworden sein: Wer ist dieser Jesus eigentlich? Wohl erst im Licht der Auferstehung konnten sie diese klare Antwort des Evangeliums geben. Dennoch: diese Frage begleitete sie schon auf dem ganzen Weg nach Jerusalem.

In diesem Weg erkenne ich auch meine Beziehung zu Jesus Christus. Auch ich wurde durch das Zeugnis anderer auf sehr normale Weise auf ihn aufmerksam. Die Beschäftigung mit der Heiligen Schrift und das Aufmerksamwerden auf die kleinen Zeichen des anbrechenden Gottesreiches in meiner Gemeinde lassen auch für mich die Eindrücke über Jesus Christus immer dichter werden, vergleichbar dem Weg der Apostel nach Jerusalem. Immer neue Versuche der Antwort erwachsen für mich daraus: Jesus ist mein Leben. Ich identifiziere mich mit seinem Weg. Er begegnet mir darum gerade in leidvollen Erfahrungen. Er hat viele Gesichter.

Bei *Paulus* steht am Beginn ein außerordentliches Ereignis der Bekehrung. Aber auch solche Erfahrungen, dies zeigt mir sein Leben, wollen durchgetragen werden. Die Treue zu seiner Berufung ist für mich deshalb das Auffallendste seines Lebens, wie dies auch in der Zweiten Lesung mit seinen eigenen Worten zum Ausdruck kommt. Bei allen Verfolgungen und Strapazen, die sein Missionswerk mit sich brachte, mußte diese Entscheidung wohl immer wieder neu von ihm getroffen werden. Diese Treue sehe ich als einen weiteren wesentlichen Identifikationspunkt mit meinem Leben an.

Meine Predigt und die Hörer
Zur Frage einer Entscheidung für Jesus Christus habe ich die Erfahrung gemacht, daß es vielen meiner Hörer an einer tieferen Auseinandersetzung dazu fehlt. Unsere Firmlinge hatten zum Beispiel die Aufgabe bekommen, verschiedene Personen zu befragen: Was bedeutet Ihnen Jesus Christus? Bei vielen waren die eigenen Eltern nicht in der Lage, ihren Kindern zu antworten. Auch von daher scheint mir ein tieferes Nachdenken darüber notwendig.

Predigtskizze:
1. Meine Erfahrungen aus der Arbeit mit unseren Firmlingen und die Fragen des Evangeliums.
2. Der Wegcharakter einer Entscheidung für Jesus Christus. Vielleicht stört manchen die glatte Antwort des Petrus. Entspringt der nachösterlichen Sicht. Im Leben des Petrus nicht so glatt verlaufen (Verleugnung). Langer Weg der Apostel, auf dem sich erst ihre Entschei-

dung für Jesus geklärt und verdeutlicht hat. Ständige Frage aber: Wer ist dieser Jesus? Diese Erfahrung mache auch ich. Ich bin immer wieder vor diese Frage gestellt. Es gibt nur eine persönliche Antwort darauf. Auch wenn er Mitte meines Lebens ist, so ist diese Entscheidung doch auch Prüfungen ausgesetzt, wie sie auch Petrus erfahren hat. Wie schnell komme ich dabei wie er an Grenzen. Entscheidend wird sein, daß mich diese Frage niemals losläßt.

3. Die Entscheidung muß in Treue durchgetragen werden. Daß eine solche Entscheidung nicht mit einem Mal abgeschlossen ist, wird auch bei Paulus deutlich. Er hat zwar ein besonderes Bekehrungserlebnis gehabt. Ich könnte versucht sein, daher seinen Weg als leichter anzusehen. Dennoch mußte er seine Entscheidung für Christus wohl immer wieder neu treffen. Mißerfolge und Strapazen blieben ihm ja in keiner Weise erspart. Er war trotzdem so tief von der Liebe Christi gepackt, daß ihn nichts davon trennen konnte.

Dies wird auch für mein Leben entscheidend, um in Treue zu meinem Christsein zu stehen: Gepackt zu sein von der Liebe Christi. Nur dann nehme ich Opfer und Mühen auf mich und kann auch in leidvollen Erfahrungen zu Jesus Ja sagen.

Peter Hitzelberger

Siehe auch: *P. Prassel,* Petrus und Paulus – Zwei für Jesus Christus, in: Weizenkorn C 5, S. 73–75; zu Petrus auch *R. Huhnen,* Immer wieder umkehren, in: Weizenkorn A 2, S. 58–60.

FEST VERKLÄRUNG DES HERRN: Mt 17, 1–9

Jesus zu sehen – unser Glück

Protokoll einer Predigtvorbereitung
Der Festgedanke ‚Verklärung des Herrn' legt es für mich nahe, als
Kern der Verkündigung den Evangelientext zu wählen: Mt 17,1–9.
  Ich habe in zweifacher Weise auf den Bericht über die Verklärung
reagiert:
– Zum einen wirft die Gestalt des verklärten Jesus die Frage auf, wie
  er wohl wirklich ausgesehen hat.
– Zum anderen beneide ich die drei Jünger, daß sie dabeisein durften,
  als der Verklärte von Gott ein Zeugnis seiner Gottessohnschaft
  erhält.
Ob die Menschen in unserer Gemeinde ähnlich reagieren? – Ich weiß
es nicht. Aber die Details, wie sie Matthäus über den Verklärten berichtet – „leuchtendes Gesicht" und „blendend weiße Kleider wie das
Licht" – fangen leicht die Phantasie der Hörenden ein. Lange Zeit hat
man Jesus diesen Angaben entsprechend dargestellt, etwa in alten
Schulbibeln. Doch mir erscheint es müßig, über das konkrete Aussehen des Verklärten zu spekulieren. Will nicht Matthäus durch seine
Darstellung lediglich zeigen, daß Jesu Erscheinung sich verändert hat
für die Zeugen dieses Geschehens? Und zwar so verändert, daß sie ihn
als den Verherrlichten, den Göttlichen erkennen? Wird nicht den drei
Jüngern die Möglichkeit geschenkt, den Jesus, den sie als Menschen
erfahren, mit dem Sohn Gottes zu identifizieren?
  Das ist natürlich ein großartiger Augenblick für die Jünger, daß sie
der Ganzheit Jesu nahekommen, daß sie darauf einen Blick werfen
dürfen. Ich finde, um diesen glücklichen Augenblick darf man sie ehrlich beneiden. Ich würde gerne ihre Erfahrung teilen: Jesu Wirklichkeit ganz zu erspüren; ihn zu sehen, wie er ist.
  Liegt nicht genau darin die Tiefe dieses Festes ‚Verklärung'? Schlüs-
selt sich nicht so der Festkern auf: Jesus ist klar zu sehen?
  Genau dies könnte der Anknüpfungspunkt für die Zuhörer werden.
Ich denke, daß man bei unseren Gottesdienstbesuchern eine Sehnsucht unterstellen darf, Gott näherzukommen, ihn besser, tiefer zu erkennen. Mit dieser Sehnsucht könnte man das Fest in Zusammenhang
bringen. Denn einigen seiner Jünger hat Jesus sich ja klar gezeigt.
Warum sollte uns das eigentlich vorenthalten sein? Wenn es gilt, daß
das klare Sehen Jesu ein Glück für seine Jünger ist, kann man nicht
umgekehrt auch sagen: jedes Glück, das die Jünger Jesu erleben, be-
inhaltet die Möglichkeit, ihn klar zu sehen? Auf die Zuhörer bezogen
bedeutet es: Was sie als Glück erleben, ist zugleich die einzigartige

Möglichkeit, darin Jesus wiederzufinden, wie er wirklich ist: der von Gott kommt, um unser Leben glücklich zu machen. Die Glücksmomente unseres Lebens wären damit erklärte Taborstunden, Momente, die uns Jesus klar sehen lassen. Denn das Glück in unserem Leben ist – christlich verstanden – das Aufleuchten des Heilshandelns Gottes. Das Glück zeigt tiefer auf den, der Gottes Heil bringt: Jesus.

So ergibt sich für mich als *Predigtziel:*

Ich möchte, daß meine Zuhörer erkennen: Wer Jesus klar sieht, der kann glücklich sein. Und: Wer glücklich ist, der kann Jesus klar sehen.

Predigtskizze:

Einleitung:

Was bedeutet es, glücklich zu sein?

Ein glücklicher Mensch ist erfüllt, sein Herzenswunsch, seine Sehnsucht sind gestillt.

Hauptteil:

1. Für Jesu Jünger ist es ein Glück, ihn zu sehen, wie er ist. Der klare Blick auf Jesus macht sie glücklich.
2. Haben wir den Wunsch, Jesus zu sehen, wie er ist? Wenn dieser Wunsch sich erfüllte, wären wir glücklich.
3. Wir erinnern uns an Glücksmomente unseres Lebens: Partnerwahl, Kinder, Worte und Zeichen der Ermutigung und Bestätigung...

In Glücksmomenten ist unser Lebenshunger gestillt. Im Glück eröffnet sich ein Blick auf Jesus, dessen Lebensinhalt es ist, unseren Lebenshunger zu stillen. Im Glück sehen wir Jesus, wie er ist.

Schluß:

In Augenblicken des Glücks treffen wir in menschlicher Weise Jesus an, den wahren Gott. Der Glücksmoment ist der Moment der Verklärung, des klaren Sehens, wie und wer Jesus wirklich ist.

Josef Voß

HOCHFEST MARIÄ AUFNAHME IN DEN HIMMEL:
Lk 1,39–56

15. August – Am Tag

Der neue Mensch

Meine Auseinandersetzung mit dem Fest und mit dem Evangeliumstext

Schon mehr als ein Jahrtausend bevor die Aufnahme Mariens in den Himmel von der Kirche zum Dogma erklärt wurde (1. November 1950), hat die Kirche dieses Fest gefeiert. Ein Fest, das sich von seinem Inhalt und Anlaß her auf keinen Hinweis im Neuen Testament berufen kann. Dennoch feiert die Kirche dieses Fest und macht die Lehre von der Aufnahme Mariens in den Himmel schließlich zum verbindlichen Glaubensgut. Alles Umstände, die zum Nachdenken anregen!

Ich gestehe, ich bin ein wenig überwältigt vom Gedanken daran, daß die Kirche in ihrer Gesamtheit und Weltweite etwas glaubt und bekennt, was sicherlich nicht ein Mensch erfunden und erdichtet hat, weil es ihm vielleicht so gut gefallen hat, oder weil er einen neuen Glaubenssatz kreieren wollte. Sondern hier glaubt die Kirche etwas, was wahrscheinlich aus vielem Darübernachdenken und Meditieren gläubiger Menschen in ihr gewachsen ist. Anstoß für die Entwicklung dieser schließlich zum Glaubensgut der Kirche gewordenen Lehre von der Aufnahme Mariens in den Himmel war die *Frage nach Jesus*. Es war das bewegte Ringen um die Fragen des Menschseins und Gottseins Jesu, das schließlich auch die Frage nach der Mutter Jesu gefordert hat: Ist sie Jesus- oder Gottesgebärerin?

Die Kirche entschied entsprechend ihrem Glauben, daß Maria die Gottesgebärerin ist. Und dadurch erhält Maria als die Mutter Gottes einen besonderen Rang unter den Menschen. Das Lukasevangelium stützt dies durch seine Aussage „Gesegnet bist du mehr als alle anderen Frauen" (Lk 1,42). Maria, die Frau, hat der Welt und den Menschen Jesus geboren.

Was wäre der Mensch ohne Jesus?

Soll die, die nach dem Willen und durch das Wirken Gottes so ihren Beitrag zum Heil der Welt beigetragen hat, nicht von Gott besonders ausgezeichnet worden sein? Drückt sich in ihrer Aufnahme in den Himmel nicht der Glaube der Menschen aus, daß sie sicher bei Gott ist? Maria, „gesegnet mehr als alle anderen Frauen", ist also nur recht deutbar von der „Frucht ihres Leibes" (Lk 1,42) her; insofern sie „Mutter des Herrn" (Lk 1,43) ist.

Somit ist also letztlich Mittelpunkt des Festes *Jesus Christus*, „geboren von der Frau" (Gal 4,4). So kehren meine Gedanken zurück zu der Frage: *Was wäre der Mensch ohne Jesus?* Und da ich mich schon so daran gewöhnt habe, Jesus nicht aus dieser Welt und aus meinem Leben wegzudenken – auch wenn ich in meinem Alltag ihn oft vergesse –, bietet sich mir für meine Überlegungen das Evangelium des Festes von der Aufnahme Mariens in den Himmel an; besonders der Abschnitt Lk 1,46b–55, bekannt als *Magnificat*. Es ist ein Lobpreis auf Gott. (Mich fasziniert das sprachliche und bildhafte Spiel der Gegensätze, um dieser Wirklichkeit – Gott – gerecht zu werden. Hier war ein gläubiger ‚Künstler' am Werk.) Aber ist nicht das, was hier an Gott gelobt wird, genau das, was dem Programm Jesu wesentlich war? Hat Jesus nicht die Welt auf die Größe Gottes verwiesen, auf ihn als Retter, da durch ihn – Jesus – Rettung kam für das Schwache in der Welt? Stellt Jesus Gott nicht vor als den Gott des Erbarmens für alle, die ihn als Gott anerkennen und sich an ihn als Gott wenden? War es nicht Anliegen Jesu, die Welt ‚umzudrehen', d. h. dem zu Geltung zu verhelfen, was in der Welt und unter den Menschen nicht als wertvoll und beachtenswert gilt? Die Cliquen der Hochmütigen treibt er auseinander, die Schwachen bekommen die Ehrenplätze, die Gott zu vergeben hat. Die Hungernden werden beschenkt mit den Gaben Gottes; die Reichen erhalten nichts mehr. Und schließlich: in Jesus Christus erweist sich endgültig dieser Gott als der treue Gott, der zu seiner Heilsverheißung an das Gottesvolk steht. Auch wenn vieles von diesen Anliegen Jesu noch nicht restlos verwirklicht ist, so sind die Ansprüche und Anforderungen Jesu an die Welt und an die Menschen aus ihr und an sie nicht mehr wegzudenken; ja, so können wir guten Gewissens sagen, sie haben schon einiges verändert.

Dieser Lobpreis Gottes im Munde Marias als Gottesbekenntnis eines glaubenden Menschen! Wir lesen es heute als nachösterliche Menschen als Bekenntnis zu dem, was Jesus in dieser Welt als der „Herr", als der „Retter" zum Heil der Menschen getan hat. Könnte dieses Bekenntnis Marias so nicht zu unserem Bekenntnis werden? Ein Bekenntnis von Menschen, die nicht *ohne* Jesus, sondern *von* ihm und *mit* ihm leben können.

Was gibt uns Grund, dieses Fest zu feiern?

Daß es in der Feier dieses Festes um den Menschen geht, wird oft durch das Geheimnis der Aufnahme Mariens in den Himmel verdeckt. Die Frage ist oft, wie denn das geschehen konnte. Übersehen wird dabei, daß Maria offen ist für das Wirken Gottes. Der Mensch, der sein ganzes Vertrauen auf Gott setzt und in dessen Wirken Großes erkennt.

Predigtinhalt

Maria bekennt im Magnificat die Größe des Herrn. Diese Größe Gottes bestimmt und veredelt dadurch ihr Leben.

Predigtziel

Was wäre das Leben Marias ohne Gott? Was wären wir Menschen ohne Jesus? Die Menschen nach Ostern sehen im Magnificat nicht mehr nur Mariens Lobpreis, sondern es könnte unser Lobpreis sein. Denn so wie Gott Großes an Maria getan hat, tut er es auch an uns (durch Jesus Christus). Wird dadurch nicht unser Leben aufgewertet?

Predigtskizze

1. Was wären wir Menschen ohne Jesus? Bloß Kreaturen, die zum Existieren verurteilt sind! Vor allem dann, wenn unser Leben an Grenzen stößt, wird die Frage nach dem Sinn des Lebens erfahrbar. Wenn der Tod, die Trauer, die Unterdrückung, die Not und Hilflosigkeit uns betrifft, oder wenn uns unsere Schwachheit in der Schuld bedrückt, suchen wir nach Antworten, die unser Leben sinnvoll deuten. Alle menschlichen Deutungsversuche bleiben immer menschlich, daseinsbezogen und endlich (vorläufig). Ziehen wir dann nicht den Schluß, daß unser Leben doch eigentlich wertlos ist?

2. Im Magnificat bekennt Maria die Größe Gottes. Sie gibt damit ihre Lebenserfahrung wieder. Sie war sensibel, das Wirken Gottes in ihrem Leben zu erkennen und als sein Wirken zu deuten. Sie, die Frau, wird erwählt, Mutter des Herrn zu sein. Sie erkennt das Wirken Gottes in seinem Erbarmen. Sie weiß, daß alle, die sich selbst zu Gott machen (Hochmütige, Mächtige), letztlich von Gott relativiert werden. Sie hat an sich selbst gesehen, wie Gott das Niedrige, sie, die „Magd", den Menschen erhöht, indem er ihn hereinnimmt in seinen Heilsplan.

3. Gott wird Mensch. In Jesus vollendet sich der Heilsplan Gottes. Er verkündet das *neue Menschenbild*. Dazu gehört seine Sorge um die Sünder, denen er Gottes Erbarmen zusagt. Er stärkt die Schwachen, indem er sie darauf hinweist, daß sie die vor Gott Starken sind. Er stillt den vielfältigen Hunger der Menschen nach Brot, nach Gerechtigkeit, nach Liebe. Das sind *seine* Gaben!

4. Was wäre der Mensch, der auf Jesus schaut und horcht! Hätte er nicht *mehr* Interesse, mitzuwirken, das neue Menschenbild Wirklichkeit werden zu lassen?

5. Maria ist so ein *neuer* Mensch. Darum preist sie die Größe des Herrn, der sie in ihrer Niedrigkeit angenommen hat und Großes an ihr getan hat, ja sie in den Himmel aufgenommen hat!

Wolfgang Schwarz

1. Fünf Brote und zwei Fische, fünftausend werden satt. Wenn

Jesus lädt zu Tische, den, der da Hunger hat.

2. Er läßt, der Not zu wehren,
der Not in aller Welt,
die Brote sich vermehren,
die er in Händen hält.

3. Er sagt: Ihr sollt den steilen
Weg gehen bis ans Ziel,
sollt mit dem Bruder teilen,
aus wenig machen viel.

4. Er sagt: Geh, sei mein Bote,
teil aus an meiner statt,
zwei Fische und fünf Brote,
und alle werden satt.

Text: *R. O. Wiemer*, Nußanger 73, D-3400 Göttingen. Musik: *L. Edelkötter*, © impulse-musikverlag, D-4406 Drensteinfurt.
Aus: LP IMP 1009 – Biblische Spiellieder zum äthiopischen Misereor-Hungertuch.

Eucharistisches Hochgebet II
mit *Präfation für Sonntage III* (Meßbuch S. 402) *oder* mit Dankgesang:

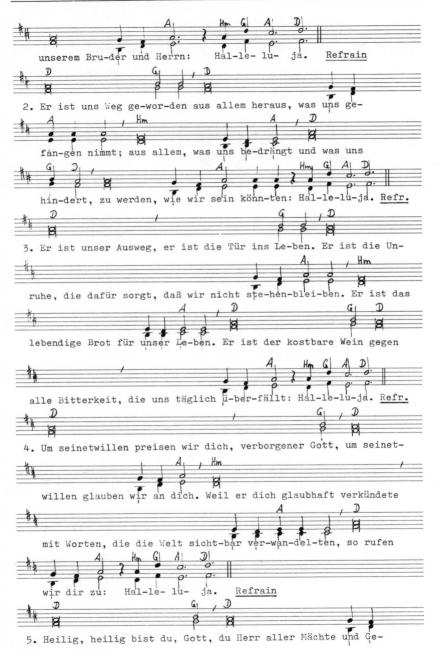

unserem Bru-der und Herrn: Hal-le- lu- ja.   Refrain

2. Er ist uns Weg ge-wor-den aus allem heraus, was uns ge-

fán-gen nimmt; aus allem, was uns be-drängt und was uns

hin-dert, zu werden, wie wir sein könn-ten: Hal-le-lu-ja. Refr.

3. Er ist unser Ausweg, er ist die Tür ins Le-ben. Er ist die Un-

ruhe, die dafür sorgt, daß wir nicht ste-hen-blei-ben. Er ist das

lebendige Brot für unser Le-ben. Er ist der kostbare Wein gegen

alle Bitterkeit, die uns täglich ü-ber-fällt: Hal-le-lu-ja. Refr.

4. Um seinetwillen preisen wir dich, verborgener Gott, um seinet-

willen glauben wir an dich. Weil er dich glaubhaft verkündete

mit Worten, die die Welt sicht-bar ver-wan-del-ten, so rufen

wir dir zu: Hal-le- lu- ja.   Refrain

5. Heilig, heilig bist du, Gott, du Herr aller Mächte und Ge-

walten. Himmel und Erde bezeugen deine Herr-lich-keit.

Ho-san-na dir in der Hö-he; Ho-si-an-na! Refrain

6. Wir preisen auch dich, Jesus, der du auf diese Er-de kamst

aus Gottes Liebe zu uns Menschen. Gepriesen du, der du auch

heute bei uns bist und im-mer bei uns bleibst. Ho-san-na dir

in der Höhe. Ho-si-an- na! Refrain

Text: *M. Klöckener/K. Neuwöhner OFM*, Musik: nach *G. da Palestrina.*

Gesang zur Kommunion: Ps 78
Antiphon: Weish 16,20 *oder* Joh 6,35
– GL 723,4 (Ps 34) mit *Gemeindevers* GL 723,3: „Preiset den Herrn
zu aller Zeit, denn er ist gut."
– GL 539: „Wir alle essen von einem Brot"
– GL 564,4–5: „Christus Sieger, Christus König" (V/A)

Gebet nach der Kommunion
– GL 374,2: „Wir, die wir das Geheimnis des Todesleidens des Herrn
feiern ..." (Gregor der Große). – *Stille* – Schlußgebet (Meßbuch
S. 229)

Martin Klöckener

19. SONNTAG IM JAHRESKREIS

„Wo ist Gott, wer ist Gott, wie handelt Gott?", so fragt der alttestamentliche Mensch. Das sind auch die Fragen des Menschen unserer
Tage. Wer noch fragen kann, gibt nicht auf, gibt sich nicht auf und
den, nach dem er fragt und sucht. Wer fragt, der ist offen für die ant-
wortende Begegnung, die oft den Rahmen der Erwartung sprengt, die
anders ist als vorgefaßte Denk- und Vorstellungsmodelle.

Diese Erfahrung macht auch Elija (Erste Lesung), dem sich Gott
nicht in gewaltigen Naturereignissen mitteilt wie Sturm, Erdbeben
und Feuer, sondern im leisen Säuseln des Windes.

Vor dem Problem, die Nähe Gottes in Jesus Christus den Menschen
mitzuteilen, steht auch Paulus (Zweite Lesung). Darunter leidet er,
lebt in Trauer; doch bei all dem, was der Annahme der Heilsbotschaft
quer steht, kann er sich dem Lobpreis des befreienden Handelns Gottes in der Geschichte und vor allem in Jesus Christus nicht verwei-
gern.

Von der Nähe und Ungreifbarkeit Gottes in Jesus Christus erzählt
das Evangelium. Jesus kommt seinen Freunden auf dem Wasser entgegen. Auf den ersten Blick kommt er ihnen wie ein Gespenst vor, doch
dann erkennen sie ihn. Petrus wagt sich auf das Wasser, versinkt,
schreit um Hilfe und das Vertrauen hebt ihn aus den Fluten.

Gesang vor der Eröffnung: Ps 74
Antiphon: Ps 74,20.19.22f
– GL 270,1–3: „Kommt herbei, singt dem Herrn" (V/A)
– GL 634,1.5: „Dank sei dir, Vater"
– GL 621: „Ich steh vor dir mit leeren Händen"

Antwortpsalm: Ps 85,8–14
– Kantorenbuch zum GL Nr. 63 mit *Gemeindevers* GL 528,6: „Der
 Herr schenkt seinem Volk den Frieden."
– GL 712,2 (Ps 18) mit *Gemeindevers* GL 712,1: „Du führst mich
 hinaus ins Weite; du machst meine Finsternis hell."

Ruf vor dem Evangelium: Ps 130,5
– GL 191,2 Vers 5 mit *Halleluja* GL 531,4
– GL 552: „Alles Leben ist dunkel"

Allgemeines Gebet
Wir beten zu Jesus, dem Christus, der uns seine Hoffnungsgeschichte
mit auf den Weg gibt:

20. SONNTAG IM JAHRESKREIS

„Gott ruft sein Volk zusammen
rings auf dem Erdenrund,
eint uns in Christi Namen
zu einem neuen Bund ...
In göttlichem Erbarmen
liebt Christus alle gleich ...“ (GL 640)

Niemand ist ausgeschlossen von der Liebe und dem Anruf Gottes: Nicht der Fremde im Tempel des nachexilischen Jerusalem (Erste Lesung), nicht das *alt*testamentliche Bundesvolk im *Neuen* Bund (Zweite Lesung), auch nicht die Heiden, die sich zum neuen Volk Gottes gerufen fühlen (Evangelium) – vorausgesetzt allerdings ist das „Festhalten am Bund“ (Erste Lesung), d. h. der Glaube (Evangelium). Das ist aber auch die einzige Bedingung, die vor Gott zählt, denn er erbarmt sich aller (der Juden wie der Heiden) (Zweite Lesung).

Diesem Grundgedanken der biblischen Lesungen lassen sich auch (die) andere(n) liturgische(n) Texte der Eucharistiefeier des heutigen Sonntags zuordnen: *Was kein Auge geschaut und kein Ohr gehört hat, hast du denen bereitet, die dich lieben* (Tagesgebet). „Unter allen Völkern sein Heil“ (Antwortpsalm). Gott möge sich uns schenken in Jesus Christus (Gabengebet), uns, die wir uns um den Altar versammeln dürfen. Und den Gerufenen bietet sich Christus an als Brot des Lebens: Wer ißt, wird leben (Gesang zur Kommunion).

Wer so in und durch den Glauben, den wir in der Eucharistie feiern, *am Leben* Jesu Christi *Anteil* hat, wird *zur vollen Gemeinschaft mit ihm gelangen – im Himmel* (Schlußgebet), dem neuen Jerusalem (dessen Vorbild der Wiederaufbau der Stadt nach dem Exil im 6. vorchristlichen Jahrhundert darstellt; Zusammenhang der Ersten Lesung aus Trito-Jesaja).

Gesang zur Eröffnung: Ps 84
Antiphon: Ps 84,10f: „Ein einziger Tag in den Toren deines Heiligtums ist besser als tausend andere.“
– GL 649,2 (vor allem VV. 1.9–10.12–13) mit *Gemeindevers* GL 649,1: „Selig, die bei dir wohnen, Herr, die dich loben alle Zeit.“
– Kantorenbuch zum GL Nr. 147 mit *Gemeindevers* GL 649,1
– *Gemeindevers* GL 526,1: „Wir sind Gottes Volk und ziehn zum Haus des Vaters.“
– GL 637,1–3: „Laßt uns loben ... Gott den Herrn, der uns ... so wunderbar erwählt“
– GL 639,2–3: „Auf Zion hoch gegründet“

- GL 640,1–2: „Gott ruft sein Volk zusammen rings auf dem Erdenrund"
- GL 642,1–2: „Eine große Stadt ersteht"

Begrüßung der Gemeinde
- Gott liebt in seinem Erbarmen alle Menschen. Er sei mit euch.
- Gott, der sich immer wieder ein Volk versammelt, sei mit euch.
- Gott, der sein Volk rings auf dem Erdenrund versammelt, sei mit euch.
- Das Erbarmen Gottes sei mit euch.
- Gott, der sich aller erbarmt, die zu ihm rufen, sei mit euch.

Antwortpsalm: Ps 67 bzw. Ps 118
- Kantorenbuch zum GL Nr. 52 *oder* GL 732,2 mit *Gemeindevers* GL 732,1: „Die Völker sollen dir danken, o Gott, danken sollen dir die Völker alle."
- Kantorenbuch zum GL Nr. 15 (Ps 98) mit *Gemeindevers* GL 149,1: „Alle Enden der Erde schauen Gottes Heil."
- GL 235,2 (vor allem VV. 8–9) mit *Gemeindevers* GL 235,1: „Danket dem Herrn, er ist gütig. Halleluja."

Ruf vor dem Evangelium: Mt 4,23b
- Kantorenbuch zum GL Nr. 151,3 mit *Halleluja* GL 530,3
- Ebd. Nr. 152,3 mit *Halleluja* GL 530,6
- Ebd. Nr. 161,5 mit *Halleluja* GL 530,2
- Ebd. Nr. 166,1 mit *Halleluja* GL 531,1 oder 6
- GL 641 (Joh 20,21/Lk 4,18): „Gleich wie mich mein Vater gesandt hat, so sende ich euch." (V/A; leider ohne Halleluja)

Allgemeines Gebet
Gott hat in seinem liebenden Erbarmen alle Menschen in den Neuen Bund berufen. Ihn bitten wir:
☐ Für unsere heilige Kirche und alle, die Christi Namen tragen:
  Daß sie durch ihr Bemühen um Einheit (und Frieden) Zeugnis ablegen für den Neuen Bund.
☐ Für das Volk Israel und alle Völker der Erde:
  Daß alle Menschen offen werden für den Anruf des Herrn.
☐ Für die Armen, die Kranken, die Einsamen (evtl. ergänzen) unter uns:
  Daß Gottes Erbarmen mit den Menschen für sie durch uns erfahrbar wird.
☐ Für unsere (verstorbenen NN. und alle) Toten:
  Daß sich an ihnen das Erbarmen Gottes vollende und er an ihnen sein Bundesversprechen Wirklichkeit werden läßt.

Du Gott Abrahams, Isaaks und Jakobs, du Gott Jesu Christi, du bist unser Gott, der Vater aller Menschen. Schließe alle Menschen auch sichtbar in dein Erbarmen ein durch Christus, unsern Herrn.

Gesang zur Bereitung: Ps 34
Antiphon: Ps 34,8f
- GL 723,2 mit *Gemeindevers* GL 723,1: „Kostet und seht, wie gut der Herr."

Eucharistisches Hochgebet
- III („versammelst du dir ein Volk") mit *Präfation für Sonntag VII* („durch den Ungehorsam der Sünde haben wir deinen Bund gebrochen, durch den Gehorsam deines Sohnes hast du ihn erneuert")
- IV („immer wieder hast du den Menschen deinen Bund angeboten ... den Armen kündet er die Botschaft vom Heil")
- zum Thema ‚Versöhnung' („so sammle die Menschen aller Rassen und Sprachen, aller Schichten und Gruppen")
- für die Kirche in der Schweiz I („einst hast du Israel ... heute begleitest du die Kirche") *oder* II („du versammelst uns zu einer Gemeinschaft")

Gesang zur Kommunion: Ps 130 *oder* Ps 84
Antiphon: Ps 130,7/Joh 6,51 bzw. Mt 21,13
- GL 191,2 (Ps 130) mit *Gemeindevers* GL 191,1: „Beim Herrn ist Barmherzigkeit und reiche Erlösung."
- Kantorenbuch zum GL Nr. 164,2 (Joh 6,51) mit *Halleluja* GL 531,2 oder 6
- GL 163,2–3: „... Er ist allein der gute Hirt, der Israel erlösen wird"
- GL 538,4–5: „... wer dich ißt, der wird leben"
- *Gemeindevers* GL 535,5: „Der Herr ernährt uns mit dem Brote des Lebens."
- GL 634,3–4: „Wir, die wir alle essen ... sind Christi Leib"

Gebet nach der Kommunion
Immer wieder versammelt sich Gott, der Vater aller Menschen, ein Volk, damit seinem Namen das reine Opfer dargebracht wird vom Aufgang der Sonne bis zu ihrem Untergang.
Wenn wir diesem Ruf folgen, wie bei dieser Eucharistiefeier, schenkt er uns Anteil am Leben seines Sohnes, das durch den Tod hindurch-führt zur vollen Lebens- und Liebesgemeinschaft mit Gott.
Laßt uns darum bitten, daß diese Verheißung sich an uns und allen Menschen erfüllt: *stilles Gebet* – Schlußgebet (Meßbuch S. 232).

Klaus-Bernd Müller

21. SONNTAG IM JAHRESKREIS

Die alttestamentliche Lesung und das Evangelium verkünden, daß Gott Menschen erwählt, um ihnen Aufgaben von heilsgeschichtlicher Bedeutung zu übertragen. Wie Gott im Alten Bund Eljakim den „Schlüssel des Hauses David" übergibt und ihn „an einer festen Stelle" als Stützpflock des Zeltes Zion einsetzt (Jes 22,22f; vgl. 33,20), übergibt Jesus im Neuen Bund Petrus die „Schlüssel des Himmelreiches" und macht ihn zum Felsen, auf den Christus seine Kirche baut (Mt 16,18f). Petrus, der Jesus als Messias und Sohn des lebendigen Gottes gläubig bekannt hat, soll als ‚Felsenmann' für die Festigkeit, Dauerhaftigkeit und Einheit der Gemeinschaft der Glaubenden Sorge tragen. Im Bild vom Binden und Lösen kommt die Petrus und seinen Nachfolgern in der Kirche eingeräumte Vollmacht zum Ausdruck.

In diesem Geschehen, wie in der gesamten Heilsgeschichte, offenbart sich uns Gott. Alle Ereignisse des Lebens, auch die für uns unergründlichen und unverständlichen, stehen im Ratschluß Gottes und haben Heilsbedeutung (Zweite Lesung). Nicht menschliche Klugheit, sondern nur Gott in der *Fülle* seines *Erbarmens* kann uns aus der *Unbeständigkeit dieses Lebens* zum Heil leiten, wo die *wahren Freuden* sind (Tages-, Schlußgebet).

Die Kirche weiß sich im *gemeinsamen Streben* mit allen verbunden, die an Gott, den Herrn, glauben (Tages-, Gabengebet). In der Gedächtnisfeier von Tod und Auferstehung Christi bittet sie, sein *Opfer, ein für allemal dargebracht,* schenke uns, dem *einen Volk des Neuen Bundes, Einheit und Frieden* und heile *alle* Wunden, damit wir so *leben, wie es* ihm *gefällt* (Gaben-, Schlußgebet).

Gesang zur Eröffnung: Ps 86
Antiphon: Ps 86,1–3
– GL 297: „Gott liebt diese Welt"
– GL 640: „Gott ruft sein Volk zusammen"

Kyrie-Rufe
– GL 475: „Herr, erbarme dich"
– GL 485: „Der in seinem Wort uns hält bis zum Ende dieser Welt"
– GL 495,7: „Herr Jesus, du rufst die Menschen, dir zu folgen"

Antwortpsalm: Ps 138,1–3.6.8
- Kantorenbuch zum GL Nr. 86 mit *Gemeindevers* GL 528,1: „Du nimmst mich, Herr, bei der Hand und führst mich nach deinem Willen."
- GL 264,1: „Mein ganzes Herz erhebet dich" (nach Ps 138)
- GL 624,1: „Auf dein Wort, Herr, laß uns vertrauen" (V/A)

Ruf vor dem Evangelium: Mt 16,18
- *Halleluja* GL 530,2 mit Vers:

Du bist Pe-trus, und auf die-sen Fel-sen wer-de ich mei-ne Kir-che

bau-en, und die Mächte des To-des wer-den sie nicht ü-berwäl-ti-gen.

Aus: Werkbuch zum Gotteslob, Bd. VI, Verlag Herder, Freiburg 1977, S. 127.

- GL 645,1: „Tu es Petrus", mit *Halleluja* GL 531,3
- Kantorenbuch zum GL Nr. 162,3 (Joh 14,6) mit *Halleluja* GL 531,7

Allgemeines Gebet
Jesus hat seine Kirche auf Petrus, den Felsen, gegründet. Für diese Kirche wollen wir den Herrn bitten.
- □ Bewahre deine Kirche vor Zwietracht und Spaltung, damit sie den Glauben in der Welt überzeugend verkünden kann. – *Stille* – Christus höre uns!
- □ Stärke die Verantwortlichen im Dienst deiner Kirche, daß sie ihren Gemeinden als gute Hirten vorstehen. –
- □ Hilf den Notleidenden und laß sie in deiner Kirche Zuflucht und Geborgenheit finden. –
- □ Stärke unsere Gemeinde, damit wir zu glaubwürdigen Zeugen deiner Kirche werden. –
Herr, Jesus Christus, du hast Petrus mit der Leitung und Stärkung deiner Kirche beauftragt. Führe unsere Kirche, die auf deine Gnade vertraut. Darum bitten wir dich als unseren Herrn.

Gesang zur Bereitung: Ps 40
Antiphon: Ps 40,2–4
- GL 725,3 mit *Gemeindevers* GL 725,1: „Herr, deine Treue will ich künden in der Gemeinde."
- GL 624: „Auf dein Wort, Herr, laß uns vertrauen" (V/A)

Eucharistisches Hochgebet
mit *Präfation von den Aposteln II:* „Das apostolische Fundament und Zeugnis der Kirche" (Meßbuch S. 428)

Gesang zur Kommunion: Ps 104
Antiphon: Ps 104,13–15
- GL 744,2 mit *Gemeindevers* GL 744,1: „Wie groß sind deine Werke, Herr."
- GL 262: „Nun singt ein neues Lied dem Herren, der Wundertaten hat vollbracht" (nach Ps 98)
- GL 277: „Singet, danket unserm Gott, der die Welt erschuf."
- GL 639: „Ein Haus voll Glorie schauet", bes. Strophe 3: „Die Kirche ist erbauet auf Jesus Christ allein"

Gebet nach der Kommunion
Der Herr hat seine Kirche auf ein festes Fundament gebaut. Lasset uns in Stille zu Gott beten, daß auch wir ein Teil dieses Fundamentes werden: *stilles Gebet* – Schlußgebet (Meßbuch S. 233)

Feierlicher Schlußsegen
- *Im Jahreskreis VI* (Meßbuch S. 552)
- *Von den Aposteln Petrus und Paulus* (ebd. S. 556)

Maria Tigges-Mayer

HOCHFEST HL. PETRUS UND HL. PAULUS

Zu *Gebeten* und *Gesängen* s. die Hinweise und Vorschläge von *K.-G. Peusquens,* in: Weizenkorn C 5, S. 107–110; zur *Präfation* vgl. den Kommentar von *A. Heinz,* ebd. S. 136–138. *Halleluja-Vers* Mt 16,18 deutsch mit Melodie, in: Weizenkorn A 6, S. 83.

FEST VERKLÄRUNG DES HERRN

6. August

Für den Orient ist das Fest der Verklärung des Herrn (Metamorphōsis tou Sōtēros) bereits im 5./6. Jh. (hier eines der höchsten Herrenfeste), für Spanien im 9. Jh. belegt. Im 11. Jh. verbreitet es sich im ganzen Westen. In den Universalkalender der lateinischen Kirche wurde es unter Papst Calixtus III. eingeführt – zum Dank für den 1456 errungenen Sieg über die Türken (dieser Sieg und die Errettung Belgrads geht vorab auf Johannes von Capistran OFM zurück, seit 1454 Kreuzzugsprediger gegen die Türken). Das Festdatum (6. August) wurde von der orthodoxen Kirche übernommen.

Als Antwortpsalm, Gesang vor dem Evangelium und zur Bereitung (vgl. besonders die Texte aus dem Graduale Romanum) wurden Gesänge ausgewählt, die das Moment der Verklärung – also die Verwandlung: das Leuchtendwerden – ins Wort bringen, so wie es auch die Lesungen beschreiben (vgl. Erste Lesung: Dan 7,9; Evangelium: Mt 17,2). Unsere wie der Apostel erste Reaktion: Staunen, Lob, ja Jubel (vgl. deutsche Gesänge zur Eröffnung). Aber auch die Bitte um Verstehen des Geschenkten (vgl. Kehrvers GL 149,3 zum Antwortpsalm), das Wissen um das Noch-unterwegs-Sein (vgl. Introitus, Communio), die Angst (vgl. Mt 17,7) haben ihren Platz in den Texten.

Die Orationen sprechen davon, daß mit dem Aufscheinen der Herrlichkeit des Herrn auf dem Berg (vgl. Mt 17,2) und mit der Beglaubigung durch den Vater (Mt 17,5) den Aposteln Stärkung geschenkt (vgl. Präfation: ... *und gab den Jüngern die Kraft, das Ärgernis des Kreuzes zu tragen*) und das end-gültige, verheißene Heil vor Augen gestellt wurde (*Du hast uns gezeigt, was wir erhoffen dürfen;* vgl. auch Tages- und Schlußgebet).

Das Erfahrene soll zum Zeugnisablegen befähigen – damals die Apostel (vgl. Mt 17,9) und heute uns (vgl. Introitus, GL 614 zum Antwortpsalm, Gesang zur Entlassung GL 638). Die enge Verbindung zwischen Wortgottesdienst und Eucharistiefeier drückt sich auch darin aus, daß die Communio dem Evangelium entnommen ist.

Festankündigung (am voraufgehenden Sonntag)
Morgen, Montag, wollen wir uns hier um ... Uhr zur Feier des Festes der Verklärung des Herrn versammeln.

Wenn sich etwas oder jemand verklärt, dann verwandelt er sich, wird hell, leuchtend. Das haben die Apostel damals auf dem Berg an Jesus erfahren, haben gleichsam schon einen Zipfel seiner vollen Herrlichkeit schauen dürfen. „Herr, es ist gut, daß wir hier sind", hieß ihre Antwort. Aber das Ziel war noch nicht erreicht. Ihr Weg ging

weiter, und sie mußten den Berg wieder hinabsteigen, ihren Weg wei-
tergehen – mit Jesus.

Auch wir kennen das: Manchmal werden uns kurze Augenblicke
geschenkt, in denen wir meinen, alles erfassen und verstehen zu können, was es mit uns und dieser Welt vor Gottes Angesicht auf sich hat.
Sie lassen sich jedoch nicht festhalten. Aber sie bleiben als Bilder in
unserem Herzen und stärken uns auf unserem Weg. Wie bei den Aposteln geht Christus auch unseren Weg mit. Und wenn wir uns nur führen lassen, führt er uns am Ende in seine ewige Herrlichkeit. Das wollen wir morgen hier dankend und bekennend feiern.

Gesang zur Eröffnung: Ps 27
Antiphon: Ps 27,8f
– Introitus „Tibi dixit cor meum" (Graduale Romanum, Solesmes
  1979, S. 88)
– GL 751,2 VV. 1.2.7–12 (Ps 119B) mit *Gemeindevers* GL 232,4:
  „Das ist der Tag, den der Herr gemacht; laßt uns frohlocken und
  seiner uns freuen", nach Vers 2.8.10 und 12
– GL 637: „Laßt uns loben, Brüder, loben"

Antwortpsalm: Ps 97 *oder* Ps 45
– Graduale „Speciosus forma" (Graduale Romanum S. 54f)
– Kantorenbuch zum GL Nr. 14 mit *Gemeindevers* GL 149,3: „Heute
  erstrahlt ein Licht über uns: Christus der Herr."
– GL 614: „Wohl denen, die da wandeln"

Ruf vor dem Evangelium
– Alleluja „Candor est lucis aeternae (Graduale Romanum S. 585)
– Kantorenbuch zum GL Nr. 160,4 mit *Halleluja* GL 530,5
– GL 277: „Singet, danket unserm Gott"

Allgemeines Gebet
Wir wollen zu unserem Herrn Jesus Christus beten, den der Vater vor
den Aposteln auf dem Berg der Verklärung als seinen geliebten Sohn
bezeugt hat. – *Stilles Gebet*
☐ Herr, Jesus Christus, schenke allen, die du zu Vorstehern in deiner
  Kirche gemacht hast, ein Herz, das sich immer mehr deiner verbor-
  genen Herrlichkeit öffnet.
☐ Segne, die sich in unserem Land um das Gespräch und die Verstän-
  digung zwischen den verschiedenen Gruppierungen mühen.
☐ Laß in den mutlos Gewordenen die Kraft der Hoffnung wieder
  stark werden.
☐ Hilf uns, unseren Alltag im Licht deines Wortes zu bestehen.

☐ Gib uns am Ende unseres irdischen Lebens, dich zu schauen, wie du bist.

Darum bitten wir dich, der du heute und alle Tage mit uns bist: in Einheit mit dem Vater und dem Heiligen Geist.

Gesang zur Bereitung: Ps 8

Antiphon: Ps 8,6f

– Offertorium „Gloria et honore" (Graduale Romanum S. 434f).
– GL 730,2 VV. 1.3–7 (Ps 57) mit *Gemeindevers* GL 730,1: „Mein Herz ist bereit, o Gott, mein Herz ist bereit; ich will dir singen und spielen", nach Vers 3.5 und 7
– GL 640: „Gott ruft sein Volk zusammen"

Eucharistisches Hochgebet III

mit *Präfation vom Fest:* „Die Verklärung Christi als Verheißung" (Meßbuch S. 738)

Gesang zur Kommunion: Ps 45 *oder* Ps 97

Antiphon: Mt 17,9

– Communio „Visionem" (Graduale Romanum S. 585f)
– GL 760,2 (Ps 147) mit *Gemeindevers* GL 760,1: „Gut ist's, dem Herrn zu danken, deinem Namen aufzuspielen, Höchster."
– GL 503: „O wunderbare Speise"

Gebet nach der Kommunion

Wir wollen zu Gott beten, der einst den Aposteln in der Verklärung des Sohnes ein Angeld der endgültigen Herrlichkeit geschenkt und sie so für ihren Dienst gestärkt hat: *stilles Gebet* – Schlußgebet (Meßbuch S. 740).

Gesang zur Entlassung

– GL 638: „Nun singe Lob, du Christenheit"

Angela Gamon

HOCHFEST MARIÄ AUFNAHME IN DEN HIMMEL

15. August – Tagesmesse

Nach einem Lektionar von Jerusalem ist für die Mitte des 5. Jahrhunderts ein Gedenktag der Gottesmutter Maria am 15. August bezeugt (Perikopen: Jes 7,10–15; Ps 132,8 u.110,1; Gal 3,29 – 4,7; Lk 2,1–7). Im Orient wandelt sich dieses mehr allgemein gehaltene Marienfest zur Feier des „Tages, an dem die heilige Maria entschlafen ist". Die gallische Liturgie kennt im 6. Jahrhundert ein Marienfest am 18. Januar, welches im 7. Jahrhundert als „Fest der Aufnahme Mariä" gefeiert wird. Rom kennt ebenfalls im 7. Jahrhundert ein Fest „Natale sanctae Mariae" im Sinn von Heimgang am 15. August, das im 8. Jahrhundert als Fest der „Aufnahme der heiligen Maria" begangen wird.[1] Besondere Bedeutung gewann dieses Fest durch die feierliche Verkündigung des Dogmas von der leiblichen Aufnahme Marias in den Himmel durch Pius XII. am 1. November 1950: „Wir verkünden, erklären und definieren es als ein von Gott geoffenbartes Dogma, daß die unbefleckte, allzeit jungfräuliche Gottesmutter Maria nach Ablauf ihres irdischen Lebens mit Leib und Seele in die himmlische Herrlichkeit aufgenommen wurde." (Denzinger-Schönmetzer Nr. 3903)

Das neue Römische Meßbuch enthält auch eine Vorabendmesse (Meßbuch S. 747f), die im Sinne einer Vigil gefeiert werden kann. Die *Eigenpräfation* entfaltet das Festgeheimnis: Die in den Himmel erhobene Gottesmutter *wurde zum Urbild der Kirche in ihrer Vollendung* und dem *pilgernden Gottesvolk ist sie ein untrügliches Zeichen der Hoffnung und des Trostes.*

Gesang zur Eröffnung: Ps 98
Antiphon: Offb 12,1: „Eine Frau, umgeben von der Sonne …"
– GL 588,1–3: „Sagt an, wer ist doch diese"
– GL 484,2 mit *Gemeindevers* GL 603: „Der Herr hat Großes an dir getan; alle Völker preisen dich selig."

Antwortpsalm: Ps 45,11–12.16 u. 18
– Kantorenbuch zum GL Nr. 141 mit *Gemeindevers* GL 600,1: „Sei gegrüßt, Maria, voll der Gnade. Der Herr ist mit dir."
– GL 601,2 (Ps 57: Geborgenheit im Schutz Gottes) mit *Gemeindevers* GL 601,1: „Siehe, ich bin die Magd des Herrn; mir gescheh nach deinem Wort."

---

[1] *A. Adam,* Das Kirchenjahr mitfeiern, Freiburg/Basel/Wien 1979, S. 175ff.

Ruf vor dem Evangelium
- GL 587,1: „Maria aufgenommen ist – Halleluja"
- Weizenkorn C 6, S. 97 (Halleluja-Vers mit Halleluja)

Allgemeines Gebet
Herr, unser Gott, Du hast an Maria Großes getan, so daß wir sie seligpreisen dürfen durch alle Geschlechter. Erhöre auf ihre Fürsprache unsere Bitten:

☐ Erneuere deine Kirche nach dem Vorbild Mariens im Geiste der Demut und dienender Liebe.

☐ Öffne deinem Wort nach dem Vorbild Mariens die Herzen derer, die ein öffentliches Amt bekleiden, daß sie bemüht sind um Frieden und soziale Gerechtigkeit unter den Völkern.

☐ Bewahre uns vor Mutlosigkeit und Verwirrung, damit wir wie die Gottesmutter Maria treu und beharrlich zu unserem Glauben stehen.

☐ Laß uns nach dem Vorbild Mariens bei aller Sorge und Verantwortung für diese Welt unser eigentliches Ziel nicht aus den Augen verlieren und stärke uns in der Hoffnung, daß auch unser Leben Erfüllung findet in deiner Herrlichkeit.

☐ Du hast deinem Volk in Maria ein Zeichen der Hoffnung und eine Quelle des Trostes gegeben: stärke unsere Kranken und führe unsere Verstorbenen in dein Reich.

Denn dir gilt unser Lobpreis, wenn wir Maria verehren. Mit ihr, der Erstvollendeten, rühmen wir deinen Namen durch Christus unseren Herrn.

Oder:
Gewähre uns auf die Fürsprache der Mutter deines Sohnes, die du auch uns zur Mutter gegeben hast, die Herrlichkeit der Auferstehung, durch Christus, unseren Herrn.

Gesang zur Bereitung: Ps 85
Antiphon: Lk 1,28
- GL 600,2 mit *Gemeindevers* GL 600,1: „Sei gegrüßt, Maria, voll der Gnade. Der Herr ist mit dir."
- GL 589: „Alle Tage sing und sage"

Eucharistisches Hochgebet I–III
mit *Präfation vom Hochfest:* „Die Herrlichkeit Marias und die Kirche"[2] (Meßbuch S. 750) und eigenem Einschub (ebd. 468.482.493)

---

[2] Vgl. dazu den Kommentar von *W. Dürig,* in: Weizenkorn C 6, S. 117–119.

Gesang zur Kommunion: Magnificat (Lk 1,46–55)

Antiphon: Lk 1,48f

– GL 127 (Magnificat, deutsch) mit *Gemeindevers* GL 603: „Der Herr hat Großes an dir getan; alle Völker preisen dich selig."

– Chorbuch zum GL Bd. 1, Nr. 287,2 mit *Gemeindevers* GL 287,2: „Hungrige überhäuft er mit Gutem, Reiche läßt er leer ausgehn."

– GL 261: „Den Herren will ich loben"

– GL 587: „Maria aufgenommen ist"

Kräutersegnung

Die Kräuterweihe am Fest der Aufnahme Mariens ist in Deutschland entstanden und schon im 10. Jahrhundert bezeugt. Bereits die heidnische Antike und die germanischen Völker kannten die Heilkraft mancher Pflanzen, die mit einem magischen Zeremoniell ausgegraben oder gepflückt wurden. Die Kirche versuchte, die heidnischen Formeln und Bräuche zu verdrängen und gestattete nur das Gebet von Vater unser und Glaubensbekenntnis. Sie bemühte sich, dieses heidnische Brauchtum zu verchristlichen und schuf eine kirchliche Segnung im Sinn eines Sakramentale. *„Die Heilkraft der Kräuter soll durch die Fürbitte der Kirche dem ganzen Menschen zum Heil dienen. Dieses Heil ist an Maria besonders deutlich geworden"* (Benediktionale). Daß diese Kräuterweihe auf den 15. August gelegt wurde, mag ihren Grund darin haben, daß viele Kräuter erst in diesem Monat zur Reife gelangen.[3]

– Benediktionale S. 63–65

Feierlicher Schlußsegen

Von der seligen Jungfrau Maria (Meßbuch S. 554)

Heribert Lehenhofer

---

[3] *A. Adam,* a.a.O. S. 176f.

III. Materialien

Texte aus Tradition und Gegenwart

Wo ist der Herr? Wo ist Gott? – „... nicht im Sturm!"

In vielen Situationen des Lebens fühlen wir uns dem fragenden Elija, der sich in einer Höhle aufhielt, verbunden. Die Menschen sind Fragende, sind Suchende. Wenn die Antworten, daß der Herr nicht im Sturm, nicht im Erdbeben und nicht im Feuer ist, ziemlich eindeutig zu sein scheinen, so tun sich bei genauerem Hinsehen neue Fragen auf – nämlich nach den Bildern Sturm, Feuer und Erdbeben. Der eigentliche Hinweis auf die Antwort ist wohl bei Elija – und schließlich bei uns – zu finden. Elija ist aufmerksam. Er hört das „sanfte, leise Säuseln" und er folgt dem Ruf: „Komm heraus!". Man muß schon sehr genau hinhören, wenn man das Wort Gottes verstehen will. Und das ist in unserer Zeit, in der alles so laut und hektisch ist, gar nicht leicht. *Karl Rahner* meint: „Die Fähigkeit und die Übung, das dichterische Wort zu vernehmen, ist eine Voraussetzung dafür, das Wort Gottes zu hören."

Die zu jeweils einem Gedanken der Lesungen ausgewählten Texte können auch eine „Übung" dafür sein, das Wort Gottes in unserer Zeit zu hören.

17. SONNTAG IM JAHRESKREIS

Wenn wir das Evangelium dieses Sonntags hören, werden viele mit *W. Willms* fragen: „Weißt du, wo der Himmel ist?" – Der Himmel ist ein kostbarer Schatz, der gefunden und gleichzeitig geschenkt wird. Und wer ihn, den Himmel, wer Jesus gefunden hat, erfährt, „da, wo wir Menschen sein können, da ist Gott" *(C. Rose)*. „Nach dem Himmel fragen heißt daher nicht, in schwärmerische Phantasie abgleiten" *(J. Ratzinger)* und warten, „bis ich dem Tod erliege", wie es in einem Negro Spiritual heißt. Die Freude über den gefundenen ‚Schatz' beginnt hier und heute. „Aber ewige Freude gewinnen wir nicht, wenn wir an der Oberfläche leben" *(P. Tillich)*. Und „worauf beruht die Freude des Lebens?" Auf Kampf? Auf Besitz? – Hast du die Perle gefunden, dann „laß Freude ohne Grenzen sein".

weißt du wo

weißt du wo
der himmel ist
außen oder innen
eine handbreit
rechts und links
du bist mitten drinnen

weißt du wo
der himmel ist
nicht so tief verborgen
einen sprung
aus dir heraus
aus dem haus der sorgen

weißt du wo
der himmel ist
nicht so hoch da oben
sag doch ja
zu dir und mir
du bist aufgehoben

Aus: *W. Willms*, der geerdete himmel, wiederbelebungsversuche, Verlag Butzon & Bercker, Kevelaer ⁶1983, 12.19.

Erfüllte Liebe

Mit dem Bildwort Himmel, das an die natürliche Symbolik des ,Oben', der Höhe anknüpft, benennt die christliche Überlieferung die endgültige Erfüllung der menschlichen Existenz durch die erfüllte Liebe, auf die der Glaube zugeht. Solche Erfüllung ist für den Christen nicht bloße Zukunftsmusik, sondern die reine Darstellung dessen, was in der Begegnung mit Christus geschieht und in ihr grundgelegt, seinen Wesenskomponenten nach, schon gegenwärtig ist.

Nach dem ,Himmel' fragen heißt daher nicht, in schwärmerische Phantasie abgleiten, sondern jene verborgene Gegenwart tiefer erkennen, die uns wahrhaft leben läßt und die wir uns doch immer wieder durch das Vordergründige verdecken und entziehen lassen.

Aus: *J. Ratzinger*, Eschatologie – Tod und ewiges Leben, Verlag F. Pustet, Regensburg 1978, S. 190.

Wo wir Licht sehen

Wo wir Licht sehen
in der Finsternis,
wo wir Wärme spüren
in einer kalten Welt,
wo wir geborgen sind
und Liebe fühlen
in einer Welt der Gewalt,
des Krieges,
wo wir Ruhe finden

in einer rastlosen Menschheit,
wo wir Halt finden
in einer haltlosen Welt
und
miteinander
Mensch sein können,
da
ist
Gott.

„Wo wir Licht sehen" aus dem Buch „Gemeinsam unterwegs" von Cornelia Rose, © 1983 by Benziger Verlag Zürich, Einsiedeln, Köln und Herold Druck- und Verlagsgesellschaft mbH, Wien.

Ich möchte in den Himmel kommen

Ich möchte in den Himmel kommen,
wenn ich dem Tod erliege,
von Erlösung jauchzen,
wenn ich der Welt entfliege.
Wenn ich dann dereinst im Himmel wohne,
bitte ich den Herrn um eine Sternenkrone.
Wart', bald schnall' ich
an den Fuß den Heilsschuh,
geh' im Himmel umher
und ruf' allen diese Neuigkeiten zu.

Negro Spiritual

Ewige Freude gewinnen

Aber ewige Freude gewinnen wir nicht, wenn wir an der Oberfläche leben. Sondern wir erreichen sie, wenn wir hindurchbrechen durch die Oberfläche und eindringen in die tiefsten Schichten unseres Selbst, unserer Welt und Gottes. Der Augenblick, in dem wir die letzte Tiefe unseres Lebens erreichen, ist der Augenblick, in dem wir die Freude erfahren, die Ewigkeit in sich selbst hat, die Hoffnung, die nicht zerstört werden kann, und die Wahrheit, auf die Leben und Tod gebaut sind.
Denn in der Tiefe ist Wahrheit,
und in der Tiefe ist Hoffnung,
und in der Tiefe ist Freude.

Aus: *P. Tillich,* In der Tiefe ist Wahrheit, Religiöse Reden, 1. Folge, Evangelisches Verlagswerk GmbH, Frankfurt/M., 8. Aufl. 1982, S. 61.

Freude und Kampf

Es gibt diese außerordentliche Freude, die aus dem Gesicht vieler schwer Invalider strahlen kann; sie steht in erstaunlichem Gegensatz zu den finsteren Mienen vieler Gesunder, die man im Bus beobachtet. Wie ist das zu erklären? Nun, ich denke, es ist deshalb so, weil ihr Leben einen ständigen Mut erfordert, einen beharrlichen Mutaufwand. Da aber der Mut zur geistigen Ökonomie gehört, so hat man um so mehr davon, je mehr man ausgibt. Dann ist es wie ein Strom von Freude, der durch sie hindurchgeht, der Freude des Sieges über ihr Schicksal. Diese Siegesfreude finden wir bei allen, die eine Leistung vollbringen: beim Alpinisten, der den Gipfel des Eiger über die Nordwand erreicht; bei allen sportlichen Wettkämpfen, selbst wenn sie bei der Ankunft vor Müdigkeit unter Tränen zusammenbrechen.

Und bei einem schwer Behinderten ist es nicht nur der Sieg eines Tages, sondern der Sieg aller Tage. Worauf beruht die Freude des Lebens? Mehr auf dem Kampf als auf dem Besitz.

Aus: *P. Tournier*, Im Angesicht des Leides (Herderbücherei Bd. 1003), Verlag Herder, Freiburg–Basel–Wien 1983.

Das Saatkorn sieht die Ähre nicht

Das Los derer, die Leben geben,
ist es, gerade daran zu sterben,
so wie ein Getreidekorn, eine Saatkartoffel,
ein Fruchtkern und ein jedes Samenkörnchen,
aus dem neues Leben wächst, abstirbt
und abgestoßen und vergessen wird.
So soll ein guter Mensch immer darum wissen,
daß er bei allem, was er zum Leben bringt,
abstirbt und in Stille abgestoßen wird,
weil er entbehrlich geworden ist.
Sich hiermit zu versöhnen
ist wahre Lebenskunst,
denn in dieser Versöhnung,
in der vollen Zustimmung zu diesem Sterben,
liegt die allerreichste Frucht verborgen,
die Frucht tiefer Freude am Leben.

Aus: *Phil Bosmans*, Ja zum Leben, Verlag Herder, Freiburg–Basel–Wien 1983, S. 116.

„Als er eine kostbare Perle fand ...“

Wenn du im
dürren Sand
die kostbare
Perle findest,
wirf ab alles
andere,
was falschen
Glanz hat.

Laß Freude
ohne Grenzen
sein
und schmücke
dich
mit der
edlen Perle,
mit Seiner Liebe
ein Leben Lang.

Aus: *H. Schwesinger*, Friede durch dich, Verlag Butzon & Bercker, Kevelaer 1982, S. 160.

18. SONNTAG IM JAHRESKREIS

Diese Nachricht von Matthäus „... und alle aßen und wurden satt" (Mt 14,20) läßt mich immer wieder nachdenklich werden, wenn ich sie höre. Da sehe ich die vielen Hungernden und andererseits die Zuversicht, daß das Vorhandene ausreichen wird ... Soll uns gesagt werden: Geht mit dem, was ihr bekommen habt, so um, als hättet ihr es in Fülle? Es geht um das Brot des Leibes und um das Brot des Wortes. Aber wir sollen wohl auch sorgsam damit umgehen. Die übriggebliebenen Brotstücke wurden eingesammelt und nicht (wie oftmals bei uns!) weggeworfen. *Kurt Marti* macht in seiner Geschichte auch darauf aufmerksam. In einem Bibel-Gesprächskreis könnte sie Anstöße zur Arbeit mit dem Text des Sonntags-Evangeliums geben und auf aktuelle Fragen in Kirche und Welt hinweisen. Dort, wo Gott der Geber ist und wir uns beschenken lassen und miteinander teilen, bleibt einiges übrig für andere, die am Rande stehen. „Denn Christentum ist Gemeinschaft". Ja, „das Brot zwischen Gott und dem Leben ist die Gemeinschaft" *(M. Zielonka).*

Der Fürst

Wenn ich mich recht erinnere – nur erinnert man sich selten, ohne daß wie von selbst Erfindung mit unterläuft –: wenn ich mich recht erinnere, bemerkte ich den Fremden erst, als ich anstelle der vorher zahlreichen Predigtgänger zum Abendmahl nur noch verstreut in den Bankreihen sitzende, dadurch erkennbar gewordene Einzelpersonen vor mir sah, jede auf ihre eigene Weise geöffnet oder in sich gekehrt, manche mit der geübten Sicherheit derer, die allzu gut wußten, was jetzt dann, wie immer, geschehen würde.

Mit einer Art heiterer Grandezza saß er in der vordersten Bank, im langen, dunklen Überwurf südländischen Schnitts; ein fürstlicher Überwurf sozusagen, oder fürstlich der, der ihn trug. Um genau zu sein: noch ehe mir dieser Überwurf auffiel, fühlte ich seinen Blick, nicht zudringlich zwar, nicht unangenehm: einen bei aller Gelassenheit unbeirrbaren Blick, der als Magnet auf mich wirkte. Ich sah zu ihm hin, sah in zwei dunkle Augen, wie lächelnd und ohne hypnotischen Zwang auf mich gerichtet. Langes schwarzes Haar, ein bartloses Gesicht, das wirkte, als wäre es schön geschnitten. Ich assoziierte, zu Recht oder Unrecht: Renaissancekopf. Er saß leicht zurückgelehnt, die Beine mit Grazie übereinandergeschlagen, den einen Arm (oder beide?) flach auf die Banklehne gelegt. So folgte er meinen Worten, nachher den Bewegungen meiner Hände, die die vorgeschnittenen Stangen des Brotes zerbrachen, die Brocken verteilten, wie immer. Mich irritierte sein Blick: Wer war das? Wo kam er wohl her? Was wollte er hier?

Allein in der vordersten Bank sitzend, hätte er als erster zum Abendmahlstisch kommen können, war jedoch sitzen geblieben, ohne

dem einladenden Kopfnicken des Abendmahlhelfers Beachtung zu
schenken, so daß dieser zur zweiten Bank hinter ihm trat, worauf sich
dort die Leute erhoben, aus der Bankreihe in den Mittelgang traten,
um von da an den Tisch zu kommen. Warum war der Fremde hier,
wenn er nicht herzutreten wollte, um wie die andern Brot und Wein
zu empfangen? Hätte er sich nur ansehen wollen, wie wir hier das
Abendmahl zu begehen pflegen, würde er sich dann zuvorderst hin-
gesetzt haben? Ich wurde unaufmerksam, zerstreut. Sollte er etwas im
Schilde führen, mit einemmal aufstehen vielleicht, um mit souveräner
Geste das Abendmahl als nichtig, als irrelevant, als Leerform zu erklären? Alles wickelte sich zwar so gemessen, so feierlich und friedlich ab
wie immer. Vielleicht aber glaubte er, gerade dieses „wie immer"
durchschaut zu haben und entlarven zu können: ein Fanatiker des
Absoluten, der die glanzlose Selbstverständlichkeit, mit der wir rituell
agierten und konsumierten, festlich zu sprengen gedachte, um endlich
die schöne, die grausame Wahrheit fröhlich und laut zu verkünden. So
viel gesammelter Überlegenheit war jedenfalls wenig zu trauen. Seine
Präsenz in der vordersten Bank irritierte mich, zumal ich wußte, daß
sein Protest – oder was es sonst sein würde – mich hilflos gefunden
hätte. Ich wäre kaum fähig gewesen, ihm in kurzen, weil überzeugten
Worten entgegenzutreten. Eine schwache Position, das fühlte ich nur
zu gut. Sah ich dann flüchtig wieder zu ihm hin, so verriet seine Haltung allerdings keinerlei Drohung. Gesammelt saß er, wenn auch ent-
spannt, fast lässig, mit seinem Lächeln. Ein Fremder, in den man sich
nicht einfühlen kann, erst recht nicht, weil er ohne die übliche Unsicherheit Fremder zu sein schien. Lächeln! Möglicherweise verstand
er kein Deutsch, hatte somit nichts begriffen von allem, was gesagt
worden war, versuchte dafür, sich Gesten und Dinge desto genauer
einzuprägen: Becher, Brot, Austeilung. Und schien dabei so unver-
braucht fasziniert, als wäre er unverhofft Zeuge des ersten Abendmah-
les geworden.

Die letzten Leute traten an den Tisch, aßen ihr Brot, verteilten sich
nach links und rechts, um von einem der Kirchgemeinderäte den Becher zu nehmen, zu trinken. Sonnenlicht fiel jetzt schräg durch die
Fenster, füllte die vorher dämmrige Kirche mit Glanz. Ich nahm es als
Zeichen, daß sich auch diesesmal alles wie immer – gesegnet sei dieses
„wie immer"! – zum guten Abschluß runden sollte.

Alle waren zu ihren Plätzen zurückgekehrt. Ich legte die angebro-
chene Brotstange zu den anderen, nicht mehr gebrauchten. Da. Auf
einmal erhob er sich. Ich erschrak. Er schritt vor den Tisch, blieb stehen, bereitete die Arme fast waagrecht aus, vielleicht, um seinen
Überwurf in den Rücken zu drängen, ich weiß nicht. Hinterher denke
ich: ein theatralischer Auftritt! Die Arme ausgebreitet, stand er lä-

chelnd vor mir, ein Fürst. Ich nahm wiederum eine Brotstange auf, brach ein Stück ab, reichte es ihm. Er senkte die Arme, empfing das Brot, führte den Bissen zum Mund, aß ruhig, aß eine Ewigkeit lang. Dann, anstatt seitwärts zu einem der Kelchhalter zu gehen, streckte er mir beide Hände geöffnet wieder hin. Ich hatte das Brot schon zurückgelegt und sah ihn ratlos an. Meine Arme hingen schlaff, doch mein Kopf bewegte sich, zeigte in Richtung des Kelchhalters rechts. Umsonst. Lächelnd blieb er stehen, machte mit den wartenden, offenen Händen seinerseits eine Bewegung, die ich nicht begriff, so daß er leise sagte: „Noch mehr! Alles!" Ich fühlte die Blicke der Gemeinde, die aufmerksam geworden war. Nicht im geringsten verlegen oder unterwürfig, mit höflicher Nachsicht sagte er jetzt: „Ich habe Hunger." Begann ich zu begreifen? Ich weiß es nicht mehr. Ich hörte mich stammeln: „Nicht hier, nachher." Er lächelte, zögerte, so daß ich schon entsetzt zu überlegen begann: Er kann doch nicht stehen bleiben und hier, vor versammelter Gemeinde, alles Brot – es war noch reichlich vorhanden – aufessen oder sich seelenruhig in die Tasche stopfen wollen! Auch sah ich nun, daß der Überwurf franste, die Kleidung schäbig und sein Gesicht älter war, als mir geschienen hatte. Die Haltung freilich blieb unverändert die eines Fürsten, souverän und verwirrend. Ich spürte, wie mich die Seitenblicke der Kelchhalter diskret befragten, ob sie noch bleiben oder die Becher auf den Tisch zurückbringen sollten. „Nachher", bat ich den Fremden noch einmal. Er lächelte und bekreuzigte sich unvermittelt. Dann ging er zum Kelchhalter rechts, ergriff den Becher und trank ihn, ohne nur einmal abzusetzen, leer, man sah es genau. Danach bekreuzigte er sich ein zweitesmal. Die Gemeinde, so schien mir, hielt den Atem an. Gleichmütig schritt er zur ersten Bank zurück.

Nachher, im Vorraum der Kirche, als sich die Leute verlaufen hatten, gab ihm der Sigrist das übriggebliebene Brot, in ein Papier gewickelt, dazu eine fast noch volle Flasche Abendmahlswein. Der Fürst ließ sich weiter in kein Gespräch ein. Er nahm das Brot, die Flasche, steckte sie in die Seitentasche des Überwurfs, dankte freundlich und ging.

Aus: *K. Marti*, Bürgerliche Geschichten, Luchterhand Verlag, Darmstadt/Neuwied 1983, S. 127–129.

Wovon der Glaube lebt

Christentum ist Gemeinschaft.
Darum lebt unser Glaube
von der Begegnung.

Wenn wir Eucharistie feiern,
Gott feiern,

dann feiern wir auch das Leben,
unser Leben.
Die Gemeinschaft zelebriert
die Eucharistie,
und die Eucharistie zelebriert
die Gemeinschaft
und das Leben.
Das Band zwischen Gott und dem Leben
ist die Gemeinschaft.

Aus: *M. Zielonka,* Unkonventionelle Meditationen, 1982, Verlag Styria, Graz/Wien/Köln.

Es träumte einem Indiomädchen

Es träumte
einem Indiomädchen

Gott
senkte ein
goldenes Maiskorn
in den heißen Leib
der Erde

der welke Schoß
begann zu blühen
und am Morgen

nach der
gesegneten Nacht
reifte satt die Ernte

da kamen alle
in Scharen
die Körbe bogen sich
unter der Last der Früchte

und der Hunger wich
wie ein geprügelter Hund

Aus: *H. Multhaupt,* Mein Glück ist ein Stehplatz im Paradies, Steyler Verlag, St. Augustin 1979,
S. 28.

19. SONNTAG IM JAHRESKREIS

Gott, wo bist du? Das ist die Frage der Menschen zu allen Zeiten. Sie fragen
voller Angst und Not. Sie fragen suchend und hoffend.
    Doch der Herr war nicht im Sturm, nicht im Erdbeben, nicht im Feuer,
heißt es im 1. Buch der Könige. Wir möchten weiter fragen: Ist der Herr dort,
wo menschliches Leben in den Verstrickungen von Schuld zu zerbrechen
droht? Wo sich alles bis zur letzten Konsequenz auf das Hier und Jetzt kon-
zentriert? Verdichtet stellen sich solche Fragen im Roman von Albert Camus
„Der Fremde", in dem ein algerischer Angestellter Meursault seinen Lebens-
weg erzählt. Kurz vor seiner Hinrichtung versucht der Gefängnisgeistliche mit
M. ein Gespräch über Gott und Schuld zu führen. Ist es verwunderlich, daß
M. den Priester nicht versteht? –

Verhalten und Verhaltensänderung hat etwas mit der Frage nach Gott und der möglichen Entscheidung für oder gegen ihn zu tun *(B. Brecht)*. – Und schließlich gibt es auch diejenigen, die sich eines Tages wieder an Gott erinnern, die vielleicht ein „sanftes, leises Säuseln" hören. – Das Wort Jesu: „Habt Vertrauen: ich bin es, fürchtet euch nicht!" schenkt Kraft zum Leben und läßt uns beten: „Gott, nahe bist du mir" *(K. Bannach)*.

Leben in Gleich-Gültigkeit

Da platzte etwas in mir – ich weiß nicht, warum. Ich fing an zu toben und beschimpfte ihn (den Priester) und sagte, er solle nicht beten. Ich hatte ihn beim Kragen seiner Soutane gepackt. Was ich auf dem Herzen hatte, goß ich freudig und zornig über ihn aus. Er sehe so sicher aus, nicht wahr? Und doch sei keine seiner Gewißheiten ein Frauenhaar wert. Er sei nicht einmal seines Lebens gewiß, denn er lebe wie ein Toter. Er sehe so aus, als stünde ich mit leeren Händen da. Aber ich sei meiner sicher, sei aller Dinge sicher, sicherer als er, sicher meines Lebens und meines Todes, der mich erwarte. Ja, nur das hätte ich. Aber ich besäße wenigstens diese Wahrheit, wie sie mich besäße. Ich hätte recht gehabt, hätte noch recht und immer wieder recht. Ich hätte das eine getan und das andere nicht. Und weiter? Es war, als hätte ich die ganze Zeit über auf diese Minute und auf dieses kleine Morgenrot gewartet, in dem ich gerechtfertigt würde. Nichts, gar nichts sei wichtig, und ich wisse auch warum. Und er wisse ebenfalls warum. Während dieses ganzen absurden Lebens, das ich geführt habe, wehe mich aus der Tiefe meiner Zukunft ein dunkler Atem an, durch die Jahre hindurch, die noch nicht gekommen seien, und dieser Atem mache auf seinem Weg alles gleich, was man mir in den wirklicheren Jahren, die ich lebte, vorgeschlagen habe. Was schere mich der Tod der anderen, was die Liebe einer Mutter. Was schere mich Gott, was das Leben, das man sich wählt, das Geschick, das man sich aussucht, da ein einziges Geschick mich aussuchen mußte und mit mir Milliarden von Bevorzugten, die sich wie er meine Brüder nannten! Verstand er das? Jeder sei bevorzugt. Es gebe nur Bevorzugte. Auch die anderen werde man eines Tages verurteilen. Auch ihn werde man verurteilen. Was läge daran, wenn er, des Mordes angeklagt, hingerichtet würde, weil er beim Begräbnis seiner Mutter geweint habe? Salamanos Hund sei genauso viel wert wie seine Frau. Die kleine alte Frau sei ebenso schuldig wie die Pariserin, die Masson geheiratet hatte, oder wie Maria, die von mir geheiratet werden wollte. Was bedeutet es, daß Raymond, genau wie Céleste, der wertvoller war als er, mein Freund war? Was bedeutete es, daß Maria heute ihren Mund einem anderen Meursault bot? Verstand das dieser Verurteilte – und daß aus der Tiefe meiner Zukunft ... Ich erstickte, als ich das alles hinausschrie. Aber da riß man mir schon den Geistlichen aus den Händen, und die Wärter bedrohten mich. Er beruhigte sie und sah mich eine Weile schweigend an. Er hatte Tränen in den Augen. Er drehte sich um und verschwand. Als er gegangen war, fand ich meine Ruhe wieder. Ich war erschöpft und warf mich auf die Pritsche. Ich glaube, ich habe geschlafen, denn als ich wach wurde, schienen mir die Sterne ins Gesicht. Die Geräusche der Landschaft stiegen zu mir auf. Düfte aus Nacht, Erde und Salz kühlten meine Schläfen. Wie eine Flut drang der wunderbare Friede dieses schlafenden Sommers in mich ein. In diesem Augenblick und an der Grenze der Nacht heulten Sirenen. Sie kündeten den Aufbruch in eine Welt an, die mir nun für immer gleichgültig war. Zum ersten Mal seit langer Zeit dachte ich an Mama. Jetzt begriff ich auch, warum sie am Ende ihres Lebens einen „Bräutigam" genommen, warum sie wieder „Anfang" gespielt hatte. Auch dort drüben, dort im Altersheim, in dem die Leben erloschen, war der Abend wie ein melancholischer Waffenstillstand. Dem Tod so nahe, hatte Mama sich gewiß befreit gefühlt und bereit, alles noch einmal zu erleben. Niemand, niemand hatte das Recht, sie zu beweinen. Und auch ich fühlte mich bereit, alles noch einmal zu erleben. Als hätte dieser große Zorn mich von allem Übel gereinigt und mir alle Hoffnung genommen, wurde ich angesichts dieser Nacht voller Zeichen und Sterne zum ersten Mal empfänglich für die zärtliche Gleichgültigkeit der Welt. Als ich empfand, wie ähnlich sie mir war, wie brüderlich, da fühlte ich, daß ich glücklich gewesen war und immer noch glücklich bin. Damit sich alles erfüllt, damit ich mich weniger allein fühle, brauche ich nur noch eines zu wünschen: am Tag meiner Hinrichtung viele Zuschauer, die mich mit Schreien des Hasses empfangen.

A. Camus, Der Fremde, enthalten in „Das Frühwerk", Karl Rauch Verlag KG, Düsseldorf 1967, S. 108–110.

Herr K. über Gott

Einer fragte Herrn K., ob es einen Gott gäbe. Herr K. sagte: „Ich rate dir, nachzudenken, ob dein Verhalten je nach der Antwort auf diese Frage sich ändern würde. Würde es sich nicht ändern, dann können wir die Frage fallenlassen. Würde es sich ändern, dann kann ich dir wenigstens noch so weit behilflich sein, daß ich dir sage, du hast dich schon entschieden: Du brauchst einen Gott."

Aus: *B. Brecht,* Gesammelte Werke, © Suhrkamp Verlag, Frankfurt am Main 1967, „Herr K. über Gott".

Gott

ich bin auf dich
zurückgekommen
als ich sprachlos wurde
gott
ich bin auf dich
zurückgekommen
als sie mir sagten
da ist keine rettung mehr
gott
ich bin auf dich
zurückgefallen
als die düsen
aussetzten
als das triebwerk
aussetzte
als mein herz
aussetzte

als kein gleitflug
mehr möglich war
als kein fallschirm
mehr aufging
als alles aus war
da bin ich
auf dich
zurückgefallen
gott
wohin
sollte ich sonst
fallen
auf dich
oder
ins nichts
denn niemand war da
der mich auffing

Aus: *W. Willms,* der geerdete himmel, wiederbelebungsversuche, Verlag Butzon & Bercker, Kevelaer
⁶1983, 12. 4.

Gott, nahe bist du mir

Gott
nahe bist du mir
näher
als meine Angst
mir ist
ganz nahe
bist du
Gott
meinem Herzen
dem Herzen
aller menschen
und aller Dinge
in dieser Welt.

Näher
bist du mir
als meine Sorgen
mir nahe
sind

Sorgen
um meine Welt
um mein Leben
darin
um Arbeit
und Auskommen
um Hunger
und Sattheit.

Näher
bist du mir
als der
quälende Unfriede
des Zweifelns
mir nahe ist.
Näher
bist du mir auch
als die zermürbende
Gier

nach einem Stück
neuen Lebens.

Näher
bist du mir
als meine Trauer
mir nahe ist.
Näher
bist du mir
als die Blume
und als der Wind
als die Dämmerung
und als das Licht.
Näher
bist du mir
als die morgendliche
Nachricht
und als
der Lärm
auf der Straße.

Näher
bist du mir
als Leben
und als Tod
mir nahe sind.
Näher
als alles
was ist
und alles
was ich bin.
Denn dein
Name
ist
Jesus Christus
der mensch
in dem
ich alles
bin
was ich sein
kann.

Mit freundlicher Genehmigung des RADIUS-Verlags Stuttgart entnommen aus ‚Klaus Bannach:
Gebete gegen die Angst‘.

20. SONNTAG IM JAHRESKREIS

Die eifrigen Jünger in der Jesus-Gemeinde wollten die kananäische Frau wegschicken. Sie war ihnen lästig. Ihr Verhalten war ihnen sichtlich unangenehm.
Doch Jesus erfüllte die Bitte der Jünger nicht. Er wandte sich ihr zu, ließ sich
auf ein Gespräch mit ihr ein und sagte schließlich: „Frau, dein Glaube ist
groß." Und wie einladend verhalten wir uns in unseren Gemeinden? Möchten
wir diejenigen, die uns lästig werden, nicht auch oft lieber wegschicken?
(H. Schwesinger). Die Frau hat geliebt, hat geglaubt – sich auf ihn eingelassen.
Probeweise? *(M. Zielonka).* Sie begegnete Gott, weil sie ihn im „Du" gesucht
hat.

„Frau, Dein Glaube ist groß"

Sind wir
in unseren
Familien,
Betrieben
Arbeits- und
Hausgemeinschaften,
in Gemeinden,
in der Kirche
so einladend,
wie Christus es war?

Sind wir in
unserem Glauben,
in unseren Gebärden,
in unserer Rede
und in unseren Taten
so überzeugend und
ansteckend,
und sehen wir
alle gleich an,
ohne Vorurteil?

Aus: *H. Schwesinger,* Friede durch dich, Verlag Butzon & Bercker, Kevelaer 1982, S. 169.

Das Risiko probeweisen Glaubens

Man muß schon lieben,
um die Erfahrungen machen zu können,
die einem Verliebten möglich sind.
Man muß schon glauben,
um die Erfahrungen zu machen,
die einem Gläubigen möglich sind.
Ohne Liebe, ohne Glauben
kann ich an die jeweiligen Erfahrungen
nicht herankommen.

Sollte ich mich probeweise einmal
auf den Glauben einlassen?
Oder habe ich Angst,
probeweise einmal geglaubt,
für immer dabei zu bleiben?

Aus: *M. Zielonka,* Unkonventionelle Meditationen, 1982, Verlag Styria, Graz/Wien/Köln.

Vom Glauben

wie oft muß man den glauben
den amtlichen
mit erhobener nase
aufgeblähten
den assekurierten
von hier bis dort verkündeten
verlieren

um diesen einen zu finden
der noch immer wie die grüne kohle ist
einfach
ein zusammentreffen im dunkel
wenn die unsicherheit sicherheit wird
den wahren weil ganz unwahrscheinlichen
glauben

Aus: *J. Twardowski*, Vom Glauben, in: Rufe, Religiöse Lyrik der Gegenwart 2 (GTB Siebenstern Nr. 1037), Gütersloher Verlagshaus Gerd Mohn, Gütersloh 1981, S. 68/69.

Gott zeichnen

Zeichnen Sie mir Gott
verlangte der Psychotherapeut

Sie rief:
Wie kann ich zeichnen
was ich nicht gesehen
nicht gefaßt, nicht begriffen habe

Er schwieg
Sein Gesicht blieb hart

Unwirsch zog sie einen Kreis
über Blatt und Tisch:
Sonne Erde Gestirn
oder welche Kugel

Nun geben Sie ihm einen Namen
bezeichnen Sie Gott

ER ist zu groß
zu herrlich, murmelte sie
zu vollkommen-schön
Ich finde keine Worte

Denken Sie nach:
Wie lassen sich Vater und Mutter
Bruder und Schwester
Freund und Geliebter
mit einem Namen benennen

Sie verbarg ihr Gesicht
mit den Händen
und flüsterte:
DU

Aus: *B. S. Scherer*, Neugeborner Weltball meiner Gedanken. Gedichte, Notiz und Werkverzeichnis. CH-4610 Goldau: Cantina 1981, S. 9.

21. SONNTAG IM JAHRESKREIS

Im Evangelium dieses Sonntags wird die persönliche Entscheidung herausgefordert – die Entscheidung für Jesus, für den Glauben an ihn. „Die Leute", „ihr aber", „Simon Petrus". Wer zu Jesus gehören will, der muß sich entscheiden. Vielleicht sagt jemand, „was würde sein, wenn es Jesus wirklich gibt" *(B. Wegener)*. Und was ist Jesus für mich? Ein Zeichen der Erschöpfung *(M. Walser)?* Ist er mir Vater und Mutter, dem ich unbedingt vertrauen kann, zu dem ich bete, dem ich danke? Beweisen kann ich mein Vertrauen nicht. Es geht um Glauben *(M. Zielonka)*, wenn ich mit Petrus sagen will: „Du bist der Messias, der Sohn des lebendigen Gottes."

Jesus

Was würde sein, wenn es Jesus wirklich gibt
von dem jeder behauptet, daß er ihn liebt
Und der steigt zu uns runter, uns zu befrei'n
Was ihm da passierte in unserem Verein
das stell ich mir vor und dann wird mir ganz leer
Kein Mensch erkennt ihn, wenn er unter uns wär.

Ein silberner Mercedes und ein schwarzer BMW
fahr'n mit blutigen Reifen durch klaren Schnee

Jesus – steig nie herab .
du kriegst keine Wohnung
und vom Kuchen nichts ab
Du kriegst keine Arbeit
und du kommst in den Knast
weil du militant und schreiend
Widerstand geleistet hast

Denn Jesus war Pole und Jude dazu
Jesus war ein Schwarzer und kam aus Peru
Jesus war Türke und Jesus war rot.
Mensch Jesus, bleib oben, sonst schlagen sie dich tot!

Aus: *B. Wegener,* LP Lieder, Traurig bin ich sowieso, © büchergilde gutenberg, Frankfurt a. M.

Mein Gott

4.6.

Mein Gott ist zusammengesetzt aus Plänen, die ich mit mir habe. Er ist zwar mehr, aber auch ich bin mehr als meine Pläne. Wie winzig man den Maßstab auch nehmen muß, ich entspreche meinem Gott. Wenn man nicht darüber nachdenkt, bildet sich von selbst die Meinung, daß der ungeheure Unterschied zwischen ihm und uns nur der ungeheuren Ferne zuzuschreiben sei, in der er ist. Wenn es ihn aber

gibt, kann es nichts geben, was überall näher ist als er. Ich scheue
mich, das zu denken. Ich bin eitel. Ich will keinen zuvorkommenden
Gott. Lieber einen, den man kaum rufen kann. Ist doch schon fast
eine Sünde, wenn man ihn braucht. Ohne Gott zu leben, als gäbe es
Gott. Die offene und nirgends hinreichende Musik, die mich veranlaßt, die Arme auszustrecken, bis die Fingerspitzen brennen. Tanz-
musik wölbt Dächer über die Welt. Bis jetzt ist Gott ein Zeichen der
Erschöpfung, ein Ausruf vor dem Zusammenbruch, ein Signal, das
die Niederlage anzeigt, die es verhindern sollte. Im Augenblick wäre
es besser, es gäbe Gott nicht.

Aus: *M. Walser,* Halbzeit, © Suhrkamp Verlag, Frankfurt am Main 1960, S. 354.

Daran kann man doch nur glauben ...

Die einen glauben an Gott,
der hinter allem steckt,
den man aber nicht beweisen kann.

Die andern glauben an den Geist,
der hinter allem steckt,
und sie nennen ihn auch noch absolut,
aber beweisen kann man ihn trotzdem nicht.

Wieder andere glauben einfach an den Zufall,
aber beweisen
kann man auch den nicht.

Schließlich gibt es Leute, die behaupten,
nichts zu glauben.
Doch auch sie beweisen nichts,
sie glauben eben, nichts zu glauben.
Sie glauben, daß es nichts zu glauben gibt.
Doch daran glauben sie völlig
unbewiesenerweise.

Ja, hier ergibt sich spätestens,
daß das nicht Fragen sind von der Sorte,
warum zwei mal zwei
vier ist,
sondern von der Art,
warum es sinnvoll ist,
daß es mich gibt.

Beweis das mal einer.
Daran kann man doch nur glauben.

Aus: *M. Zielonka,* Unkonventionelle Meditationen, 1982. Verlag Styria, Graz/Wien/Köln.

Gott

Gott, du bist mein Vater,
du bist meine Mutter.

Jetzt werde ich schlafen
unter deinen Füßen,
unter deinen Händen,
du Herr der Berge und der Täler,
du Herr der Bäume
und aller Schlinggewächse.

Morgen ist wieder ein Tag.
Morgen kommt wieder das Sonnenlicht.
Ich weiß nicht, was dann sein wird.
Meine Mutter und mein Vater
wissen es auch nicht.

Nur du, Gott, siehst mich.
Du hütest mich auf jedem Weg,
in jeder Dunkelheit,
vor jedem Hindernis,
du mein Herr,
du Herr der Berge und Täler.

Du weißt, was ich heute gesagt habe,
ob es gut war oder böse,
ob es zuwenig war
oder zuviel.
Du aber vergibst mir
alle meine Verfehlungen.
Gebet der Sioux

Zuerst erschienen in: *J. Zink*, Kostbare Erde, Biblische Reden über unseren Umgang mit der Schöpfung, Kreuz-Verlag, Stuttgart 1981, S. 170–171.

Einer bleibt derselbe

Nichts soll dich ängstigen,
nichts dich erschrecken.
Alles geht vorüber.
Gott allein bleibt derselbe.
Alles erreicht der Geduldige,
und wer Gott hat, der hat alles.
Gott allein genügt.
Teresa von Avila

Texte ausgewählt und eingeleitet von *Anneliese Knippenkötter.*

„Tut dies zu meinem Gedächtnis"
Überlegungen zu thematischen Meßfeiern

„Welches Thema nehmen wir?" – Wer öfter mit der Vorbereitung von Messen in Arbeitskreisen befaßt ist, dem wird diese Frage wohl vertraut sein. Mit ziemlicher Regelmäßigkeit begegnet sie zu Beginn gemeinsamer Überlegungen zur Gestaltung von Eucharistiefeiern kleiner Gruppen aller Altersschichten wie auch der Gemeinde insgesamt. Mit dieser Frage wird ein Ansatz formuliert, der in dieser Form eine Neuheit des gottesdienstlichen Lebens nachkonziliarer Zeit ist. Was aber verbirgt sich hinter solchen gut gemeinten Anregungen?

Mögliche Gründe für ‚thematische' Messen

Mit der inzwischen fast zwanzig Jahre zurückliegenden Einführung der Muttersprache in die Liturgie und der schrittweisen Verwirklichung des Bemühens um einen klareren und durchsichtigeren Aufbau der Messe im Sinn einer intensiveren Teilnahme der Gläubigen vollzog sich eine recht tiefgreifende Veränderung der Position der mitfeiernden Gemeinde im Gottesdienst. Liturgie, insbesondere die Messe, erscheint im Gemeindealltag heute nicht mehr als ein festes, nicht hinterfragbares Handeln, sondern muß sich vielfach rechtfertigen, sowohl hinsichtlich seiner grundsätzlichen Angemessenheit wie auch in seinen Formen und Elementen. Das in jedem Fall begrüßenswerte Verständlicher-Machen der Messe zog gleichzeitig ein vermehrtes Sich-der-Kritik-Aussetzen nach sich. So stehen wir in einer Situation, in der bisweilen deutlich vernehmbar ein Unbehagen über die Gestalt der Messe geäußert wird. Der Aufbau sei schwer durchschaubar, viele Elemente seien für einen Menschen der heutigen Zeit nicht nachvollziehbar, insgesamt sei sie zu wenig abwechslungsreich, zu vertextet und kopflastig. Zu wenig würden die Bezüge zum täglichen Leben deutlich. Diese Stichpunkte ließen sich weiter ausführen und um manche anderen bedenkenswerten Überlegungen bereichern. Grundsätzlich lobenswerte Konsequenz dessen sind Initiativen verschiedener Kräfte der Gemeinden, zu einer ansprechenden Gestaltung beizutragen. Als ein Weg gerät dabei immer wieder die Thematisierung der Messe in den Blickpunkt, also das Einbringen konkreter zeitgenössischer und altersbedingter Fragestellungen und Probleme aus den unterschiedlichsten Lebensbereichen: von Abtreibung, über Umweltschutz, Frieden, Generationskonflikte, Älterwerden bis hin zu Freundschaft, Liebe und Ehe. Man erhofft sich von daher eine größere ‚Aktualität', als sie in den ‚normalen' Messen erreicht wird. Auch böten solche Thematisierungen die Möglichkeit eines persönlicheren Zugangs. Denn trotz aller Berücksichtigung der Situation der Mitfeiernden hat die Liturgie zweifellos einen recht objektiven Charakter, der die Erwartungen und Wünsche der einzelnen nur schwerlich berücksichtigen kann. Die Erfahrungen der letzten Jahre zeigen aber einen genau entgegengesetzten Trend hin zu Messen in Kleingruppen, in denen der einzelne sich eher beheimatet fühlt und die Gemeinschaft untereinander in einer Form spürbar wird, wie es in den Gemeindegottesdiensten nicht nachvollziehbar ist.

Nicht selten verbindet sich mit einem Thema die Absicht, eine empfundene Entfremdung zwischen Gottesdienst und Leben zu überwinden. Das Kirchenjahr mit seinen Festen und Heiligengedenktagen wird von nur wenigen bewußt miterlebt und angenommen; kirchliche Feiertage verlieren in weiten Kreisen ihre Basis und werden zu Tagen des Ausspannens und Alkoholgenusses um-funktioniert. Außerdem haben viele liturgische Formen, die eine Agrargesell-schaft zum Hintergrund haben, in unserer technisierten und urbanisierten Le-benswelt keinen rechten Platz mehr. Die Botschaft der liturgischen Texte, zum Teil in jahrhundertealter Überlieferung bewahrt, steht dem Sprachempfinden und dem Gedankengut unserer Zeit sehr fern. Ausgangspunkt dieser veränder-ten Einstellung, so heißt es bisweilen, ausgesprochen oder unausgesprochen, ist der Mensch, der auf seine Fragen Antworten aus dem Glauben heraus sucht und sie im thematischen Gottesdienst zu finden hofft, nicht mehr so sehr Gott oder Jesus Christus, der uns *seine* Botschaft verkünden will. Die Anthropozen-trik hat die Christo- bzw. Theozentrik abgelöst. Es scheint weniger darum zu gehen, „durch Christus und mit ihm und in ihm in der Einheit des Heiligen Geistes Gott alle Ehre zu erweisen", als vielmehr den notwendigen Einsatz für die zerrissene Welt und den heilungsbedürftigen Menschen unter Beweis zu stellen und zu erneuter Aktion anzuregen.

Wer viel mit jungen Leuten zusammen ist, wird noch ein weiteres Motiv für thematische Meßfeiern kennen. Vielfach stellen sie den Versuch dar, die beste-hende *Distanz* Jugendlicher zur Kirche überbrücken zu helfen. Der fragende junge Mensch verlangt eher nach Gestaltungsformen und Texten, die seine Suchbewegung zum Ausdruck bringen, als nach einer Liturgie, die eine sichere Verwurzelung im Glauben voraussetzt. Solche Heranführung zum Gottes-dienst wird dabei meist von der Hoffnung geleitet, Interesse zu wecken und einen dauerhaften Kontakt zur Kirche und zum Gottesdienst der Gemeinde grundzulegen. So wird die thematische Meßfeier als eine ernstzunehmende pastorale Notwendigkeit gesehen, was keineswegs leichthin abgetan werden darf.

Zu berücksichtigen ist allerdings auch ein weite Kreise erfassendes Nicht-wissen und Unverständnis hinsichtlich der Messe. Selbst in traditionell katho-lischen Gebieten nimmt der Mangel an Auseinandersetzung mit und das Wis-sen über Glaubensfragen und Formen des kirchlichen und damit auch des got-tesdienstlichen Lebens nicht selten in besorgniserregender Weise zu. Beinahe nichts ist mehr ‚selbstverständlich', kaum etwas kann ohne weiteres als be-kannt und akzeptiert vorausgesetzt werden. Da die früher in der stärker christ-lich geprägten Gesellschaft und Umwelt bestehenden Stützen, die das ausge-prägte kirchliche Leben wenigstens in seinen äußeren Formen aufrechterhiel-ten, ebenfalls fast überall weggefallen sind, wird mit thematischen Messen ein ‚letzter Anker' ausgeworfen, freilich bisweilen für einen hohen und nicht im-mer gerechtfertigten Preis. Hier muß sicher in manchen Fällen überlegt wer-den, ob eine Eucharistiefeier überhaupt noch vertretbar ist.

Der Grund der Eucharistiefeier

Diese Schwierigkeit legt es nahe, kurz die liturgietheologische Bedeutung der Messe mit in die Überlegungen einzubeziehen. Wenn wir nach dem Anlaß der Eucharistiefeier fragen, liegt dieser letztlich einzig in der dankenden Feier des Heilshandelns Gottes an den Menschen begründet, das er die Zeiten hindurch aufgipfelnd in seinem Sohn gewirkt hat, in Jesus, der den Anbruch des Reiches Gottes verkündete; der die Menschen zu neuem Leben befreite; der sich um die am Rand Stehenden und Ausgestoßenen kümmerte; der überall, wo er auf-trat, neue Hoffnung schenkte; der radikal vorlebte, was Nächstenliebe heißt; der von der Güte seines Vaters erzählte; der lehrte, daß wir Gott ‚Abba' nennen dürfen; der schließlich für all sein Befreien und Sich-Verschenken den Tod als Konsequenz auf sich zukommen sah; der in solcher Situation den Jüngern sich selbst im Brot und Wein schenkte und ihnen auftrug, das Mahl der innigen Vereinigung immer und überall zu feiern; der unter Schmach und unsagbarem Leid, von Menschen verachtet sterbend am Kreuz sich von seinem Vater angenommen wußte und der auferstand, um das Ja Gottes zu uns Menschen unzerstörbar für immer zu versichern. Um es noch einmal, in die ganze Heilsgeschichte einordnend, anders zu formulieren: „Thema der Eucharistiefeier ist … Gottes heilshaftes Handeln vorzeiten am Volk Israel, dann unter Pontius Pilatus an Jesus von Nazareth, jetzt hier durch Christus an uns, und – in Bitte und Hoffnung – bis zum Ende der Zeiten an allen, die auf ihn schauen" *(A. A. Häußling)*.

Die Christen aller Generationen, die die Gemeinde des Neuen Bundes, die Kirche bilden, wußten sich diesem Geschehen dankend verpflichtet, wenn sie am Sonntag, dem ‚Herrentag', das Leben, Sterben und Auferstehen Jesu als Anlaß für die gottesdienstliche Versammlung nahmen. Nichts anderes also als das Heilshandeln Gottes an den Menschen ist der Grund der Eucharistiefeier. Das muß bei allen Erwägungen über die Gestaltung und Form der Messe bedacht und darf nicht durch andere Themen verdunkelt oder gar als nebensächlich abgetan werden. Die Liturgie der Kirche bemüht sich, diesem Anliegen umfassend nachzukommen. So stellt uns der Lauf des Jahreskreises mit seinen Herrenfesten das Mysterium Christi unter je verschiedenen Aspekten vor Augen. Auch die Heiligengedenktage unterstehen dieser Ordnung, werden doch die Heiligen nicht um ihrer selbst willen gefeiert, sondern weil sie als Marksteine auf dem Weg zu Christus dienen können.

Es wird somit deutlich, daß die Messe nicht in das Belieben eines einzelnen oder einer Gruppe gestellt werden kann. Vielmehr hat sie als immer neue Feier der Realisierung des von Gott gestifteten Bundes einen überindividuellen, zeitunabhängigen und ortsungebundenen Charakter. Aufgrund dessen kann sie nicht von bestimmten vorgegebenen Situationen abhängig gemacht werden, wenngleich sie ihren vollen Sinn selbstverständlich erst in Anbindung an Personen, Zeit und Raum bekommt.

Bei einer Reduzierung der Messe auf ihre wesentlichen Bestandteile müssen wir an den beiden untrennbaren Elementen Schriftverkündigung und Brotbrechen festhalten. Die Selbstentäußerung Gottes in das Wort und die eucharistischen Gestalten hinein, die Verkündigung Jesu und das Mahl, die beide von Gott den Menschen zugewandt werden, müssen entsprechend ihrer Bedeutung die angemessene Mittelpunktsstellung erhalten. Alles andere, was an eine Messe herangetragen wird, hat sich dem unterzuordnen oder muß damit in einer wirklichen und nicht nur künstlich oder gar gewaltsam konstruierten Verbindung stehen. Nicht zu Unrecht hat die Kirche bei den letzten Liturgiereform z. B. die in Überfülle vorhandenen und diese Beziehung verdunkelnden Votivmessen erheblich vermindert. Denn Form und Struktur der Messe müssen umfassend dem Anlaß und dem zu feiernden Inhalt entsprechen. Kann aber eine sogenannte ‚thematische' Messe mit einem anderen Thema als Verkündigung und Zuwendung des Heils unter Zeichen dieser Erde den hier erhobenen Ansprüchen nachkommen?

Kritische Anfragen an ‚thematische' Meßfeiern

So wenig hier einem einseitigen Rigorismus Vorschub geleistet werden soll, der bei der konkreten Arbeit in der Gemeinde ohnehin nicht durchgehalten werden kann, und der vielleicht mehr entmutigen als aufbauen würde, sollen andererseits aber doch einige kritische Anfragen gestellt werden, die auf die Schwierigkeiten thematischer Messen hindeuten.

Auf die Ausführung der Themen der Messe wird zumeist große Mühe verwandt. Es werden aus zahlreichen Büchern und sonstigen Vorlagen Texte ausgesucht, zusammengestellt, umgeschrieben. Zeichenhaftes Handeln im Spiel, in Pantomime und symbolischen Gesten wird erarbeitet. Audiovisuelle Medien werden eingesetzt, Fürbitten geschrieben, Meditationstexte ausgewählt oder selbst verfaßt.

Wie jedoch wird mit den Schrifttexten umgegangen? So sehr manchmal eine gelungene Zuordnung der verschiedenen Einzelelemente zueinander erlebt werden kann, entsteht häufig allerdings auch der Eindruck, daß das Evangelium oder andere biblische Abschnitte nur noch der Form halber angefügt werden. Manchmal wirkt eine Schriftperikope im Kontext sogar fast störend und wie gewaltsam aufgepfropft, ohne eine organische Anbindung an das übrige Thema zu haben. Daß solche Erscheinungen nicht gutzuheißen sind, braucht nach den vorangegangenen Ausführungen nicht weiter begründet zu werden. Außerdem wird durch die Wahl der Themen, die sich gelegentlich wiederholen oder sich im selben Themenfeld bewegen, die Auswahl der Schriftzeugnisse in erheblichem Maße eingeengt. Angesichts der Übermacht mancher ‚Standardperikopen‘ werden andere Abschnitte gar nicht mehr gelesen. Gerät solcher Umgang mit der Bibel nicht leicht in die Gefahr, die Botschaft Jesu je nach Bedarf zu manipulieren? Wird nicht über kurz oder lang ein verkürztes und einseitiges Jesus- oder Gottesbild erzeugt, zurechtgezimmert nach meinen Wünschen und Bedürfnissen? Wer dann einmal außerhalb des Gottesdienstes in die Bibel schaut, wird dabei für sich ungeahnte und dem gewohnten Denken bisweilen widersprechende Entdeckungen machen. Ich meine, daß die Offenheit im Umgang mit der Schrift und die Bereitschaft, sich selbst dem Anspruch Jesu zu stellen und Jesus nicht nach den persönlichen Ansprüchen zu formen, nicht verloren gehen darf.

Keineswegs zu begrüßen ist meines Erachtens, wenn sich die Vorbereitung und Gestaltung von Elementen der thematischen Messe nur auf den Wortgottesdienst erstreckt, wie es häufig zu beobachten ist. Die *Einheit* der beiden Teile Wortgottesdienst und Eucharistiefeier wird dabei zerrissen. Während für den ersten Teil der Arbeitskreis oder Liturgieausschuß ‚zuständig‘ ist, ‚kümmert sich‘ der Priester um das Folgende. Das sinnvolle Miteinander von Priester und übrigen Mitfeiernden und die sachgemäße Rollenverteilung in der Liturgie erscheint dabei mißverstanden und falsch verwirklicht. Auch muß gefragt werden, ob noch eine wirkliche Beziehung der Gläubigen zum eucharistischen Teil besteht oder ob eben die ‚Wandlungs- und Kommunionriten noch schnell angehängt werden‘. Ein einfacher Vergleich der benötigten Zeit für den Wortgottesdienst einerseits, für die Eucharistiefeier andererseits, wird diesen Eindruck sicher oft bestätigen. Wird man aber mit einer solchen Verschiebung der Gewichtung, also einer übermäßigen Ausweitung des Wortgottesdienstes, in dem das Wort Gottes nicht einmal unbedingt im Mittelpunkt steht, und einem kurzen ‚Anhang‘ der Eucharistiefeier dem Wesen der Messe gerecht?

Damit berühren wir ein weiteres Problem, nämlich das der Verwischung von Eigenart und Gattung der Einzelelemente der Messe. Jedes Element und jede Einheit aus mehreren Elementen hat eine bestimmte Funktion und einen eigenen Stellenwert im Ablauf der Gesamthandlung, was eine entsprechende sachgemäße Ausführung erfordert. Doch im Interesse eines Themas kann darauf nicht immer Rücksicht genommen werden, da es ja in erster Linie darum geht, bei den Mitfeiernden Probleme bewußtzumachen und Einstellungen und Meinungen zu verändern. Das geht gelegentlich so weit, daß man von einer ‚Indoktrination' sprechen muß. An jeder eben passenden Stelle wird das Thema wieder erwähnt, wobei alle Elemente darauf – manchmal in entstellender Weise – zurechtgeschnitten werden. Die Gefahr des normalerweise abgelehnten ‚Moralisierens', des Versuchs der Lenkung des Denkens aller Mitfeiernden in eine Richtung, oft auch mit kaum realisierbaren Handlungsanweisungen oder -vorschlägen gekoppelt, ist unverkennbar.

Die Messe wird verzweckt, sie verliert ihren Feiercharakter, das Freisein von Zwängen, das dem Dank Gott gegenüber und der Lobpreisung seines Heilshandelns wesentlich zukommt, geht vollends verloren. Ihrer kritisch-befreienden Kraft von den Fesseln und Versklavungen an die Dinge dieser Welt wird keine Chance zur Verwirklichung mehr gegeben. Wie so vieles andere in unserer Gesellschaft wird die Messe als ganze funktionalisiert und menschlichem Leistungsdenken unterworfen. Ein solcher Charakter aber ist dem Wesen der Messe grundsätzlich fremd.

Möglichkeiten zur ‚Aktualisierung' des Gottesdienstes

Aus all dem Gesagten erhellt, mit welchen Vorbehalten und mit wieviel Vorsicht an thematische Meßfeiern herangegangen werden muß. Trotz der Chancen, die sie zum Beispiel hinsichtlich der Eröffnung eines neuen Zugangs zum Gottesdienst, der Möglichkeit zur Berücksichtigung persönlicher Erfordernisse, einer ansprechenden Gestaltung und größerer Freiheit in der Auswahl von Texten, Handlungselementen usw. bieten, sollten sie meines Erachtens keinen regelmäßigen Platz im gottesdienstlichen Leben einer Pfarrei oder einer Gruppe haben. Das schließt selbstverständlich nicht die Möglichkeit aus, bestimmte, Betroffenheit weckende und bedrängende Gedanken und Schwierigkeiten mit in die Messe hineinzunehmen. Sie sollten aber nicht ihr Ausgangspunkt und das Motiv für die Versammlung sein. Dieses sind einzig und allein das Wort der Schrift und das Brechen des Brotes. Es ist dann aber eine unerläßliche Aufgabe, daß von dort ausgehend jeder einzelne, jede Gruppe, jede Gemeinde ihr Leben deutet und ihm neue Impulse gibt.

Wenn dagegen – was sinnvoll geschehen kann – die persönlichen Lebensfragen und Probleme der Zeit in einer Form mit in den Gottesdienst eingebracht werden sollen, daß die gesamte Struktur und alle Inhalte dem untergeordnet werden, ist zu überlegen, ob nicht ein einfacher Gebets- oder Wortgottesdienst mit seinem weitaus größeren Gestaltungsfreiraum sich eher dafür eignet. Es braucht dann keine Rücksicht genommen zu werden auf den mit der Messe vorgegebenen Gesamtrahmen, auch nicht auf die vielen Einzelelemente, mit denen das Thema sonst immer wieder zu verbinden wäre. Der Gefahr, statt eine organische Ganzheit zu bilden, nur fragmentarische Einzelstücke aneinanderzureihen, wird entgangen. Ich denke, daß das sowohl dem gewünschten Thema wie auch einer wesensgemäßen Feier der Messe entgegenkommt. Solchen noch ungewohnten Wegen wird in der Zukunft mehr Aufmerksamkeit geschenkt werden müssen.

Wenn dennoch in Ausnahmefällen einem Gedanken – das Wort ‚Thema' möchte ich an dieser Stelle vermeiden – breiterer Raum in der Messe gewidmet werden soll, ist zunächst einmal seine grundsätzliche Vereinbarkeit mit dem Inhalt der Eucharistiefeier zu prüfen. Wenn der Gedanke etwa nur zum Wortgottesdienst der Messe, nicht aber zum eucharistischen Teil in Beziehung steht, muß er als ungeeignet für seine Übernahme in die Meßfeier erachtet werden. Es ist dann nach einer anderen angemessenen Gottesdienstform zu suchen. Weitere Voraussetzung ist, daß die Schriftverkündigung und die Feier der Eucharistie gemäß der Stiftung Jesu den ersten Platz behalten und nicht anderen Gesichtspunkten gegenüber als zweitrangig erscheinen.

Elemente, in denen ein bestimmter Gedanke zum Tragen kommen könnte, keineswegs jedoch überall muß, sind im Verlauf der Messe:

☐ zunächst einmal die *Einführung,* in der die Hinordnung des vorgestellten Problems auf die Meßfeier zu verdeutlichen ist.

☐ Eine weitere Gelegenheit bietet das *Kyrie,* wenn dort die Christus-Anrufungen im einzelnen motiviert werden.

☐ Wohl nur mit Einschränkungen eignet sich das *Tagesgebet* (wie später auch *Gaben- und Schlußgebet),* da dort unbedingt auf Funktion und Charakter der jeweiligen Orationen Rücksicht genommen werden muß.

☐ Es liegt nahe, bei einer *Predigt oder Ansprache* den Gedanken miteinzubeziehen, wenngleich er nicht allein die freie Wortverkündigung bestimmen muß.

☐ „In jedem Fall sollte das Anliegen in den *Fürbitten* genannt und konkretisiert werden, da das Fürbittgebet keinem Zwang einer Systematik unterliegt. Doch ist darauf zu achten, daß wirkliche Gebete bzw. Gebetsaufforderungen und keine Spenden- oder Einsatzappelle vorgetragen werden. Wenn die Gemeinde etwas tun soll, lade man sie dazu in der Predigt ein, aber nicht verklausuliert im Fürbittgebet" *(H. Rennings).*

☐ Nach dem Dialog zu Beginn der *Präfation* können von Mitgliedern der Gemeinde oder der Gruppe Motive des Dankes genannt werden, die durch den sich anschließenden, vom Priester vorgetragenen Präfationstext zusammengefaßt und in die heilsgeschichtliche Ordnung eingereiht werden.

☐ Bei einigen Gedanken findet sich eventuell auch im *Kommunionkreis* zwischen dem Hochgebet und der Kommunionausteilung eine Gelegenheit zur Verwirklichung, etwa beim Friedensgruß. Hier ist jedoch Zurückhaltung geboten, damit die eng zusammengehörenden Elemente Hochgebet und Kommunion nicht zu sehr auseinandergerissen werden.

☐ Bei Anregungen zur persönlichen Meditation sowie beim Lob und Dank *nach der Kommunion* bietet sich Gelegenheit zur Berücksichtigung des Gedankens, wobei der eucharistische Bezug zu erhalten ist.

☐ Darüber hinaus kann durch die Auswahl der freieren *Gesänge* (etwa zum Einzug, zum Schluß) und der Begleitgesänge (etwa zur Gabenbereitung), nicht aber bei selbständigen Gesängen (etwa Antwortpsalm, Ruf vor dem Evangelium, Sanctus), auf den Grundgedanken eingegangen werden.

Für *Aktionselemente* und den Einsatz *audiovisueller Medien* im Interesse eines bestimmten Gedankens ergibt sich nur wenige Stellen der Messe. Am ehesten finden sie Platz zur Einführung, im Rahmen der Predigt und zum Schluß. Auch hierbei ist die funktionsgerechte Einordnung und Ausführung zu beachten.

Anregungen zur Verlebendigung der Messe
Einige weitere Erwägungen betreffs der Meßfeier sollen als Anregungen zu ihrer Verlebendigung dienen, wobei manche Gesichtspunkte, die für themati-

sche Messen ins Feld geführt werden, aufgegriffen und in die ‚normale' Gemeinde- oder Gruppenmesse integriert werden können. Für das Verständnis des Verlaufs der Messe ist eine deutlichere Hervorhebung der beiden hauptsächlichen Teile vonnöten. Die jetzige Ordnung verstellt mit ihren zahlreichen Einzelelementen manchmal zu sehr den Blick auf den eigentlichen Anlaß der Meßfeier. In der Gestaltung ist es erforderlich, daß vorbereitende und hinführende Teile (z. b. in der Eröffnung der Messe) und manches Redundante (z. B. zwischen Hochgebet und Kommunionspendung) auch gemäß seiner untergeordneten Funktion ausgeführt wird und nicht plötzlich durch ungebührliche Ausweitungen als neuer Hauptteil erscheint. Jeder Zelebrant sollte reichlich von der durch liturgische Regeln eingeräumten Vollmacht Gebrauch machen, nicht unbedingt notwendige Teile auszulassen. Nicht selten ist eine Beschränkung auf das Unverzichtbare und dafür eine intensivere Ausführung dessen für alle Mitfeiernden fruchtbringender und zweifellos mit dem Stifterwillen Jesu vereinbar.

Darüber hinaus erscheint mir bedenkenswert, ob die Lektüre nur eines Schrifttextes nicht auch eine Verstehenshilfe sein kann. Keine sonst manchmal gewaltsam anmutende Harmonisierung von zwei oder gar drei verschiedenen biblischen Abschnitten ist notwendig. Diese eine vorgegebene Perikope kann dann ‚konkurrenzlos' im Mittelpunkt stehen und durch weitere Texte unterschiedlicher literarischer Gattungen, durch Einführungen oder auch non-verbale Elemente vorbereitet und mit Predigt, Austausch im Gespräch, durch Meditation, Gebet und Bekenntnis erschlossen, entfaltet und in seiner Bedeutung für die Christen zu verstehen gesucht werden. Alle anderen Elemente des Wortgottesdienstes legen sich gleichsam wie konzentrische Kreise um den Schrifttext herum und ergreifen damit die verschiedenen Lebensbereiche des Menschen. Es ist hier nicht der Platz, die Frage nach der Anzahl der biblischen Lesungen weiter zu diskutieren, aber mir scheint an dieser Stelle ein häufig geübter Ansatzpunkt aus der Praxis thematischer Meßfeiern für die ‚normale' Messe fruchtbringend übertragbar.

Bei alledem gilt es, die Zusammengehörigkeit von Wortgottesdienst und Eucharistiefeier im Blick zu behalten und ihrer organischen Verbundenheit auch in der Ausführung hinreichend Rechnung zu tragen. Es darf mit dem Abschluß des Wortgottesdienstes kein Bruch entstehen, sondern das Folgende muß aus dem Vorangegangenen gleichsam herauswachsen, übrigens ein Grundsatz für alle liturgischen Feiern.

Ein Wort sei auch noch auf Texte und Formen in der Messe verwendet. Viele Orationen des Meßbuchs entstammen der stadtrömischen Liturgie und sind entsprechend geprägt. Die Praxis der letzten Jahre hat gezeigt, daß es nicht hinreicht, Gebetstexte aus dem Lateinischen in die Muttersprachen zu übertragen; wir empfinden viele Orationen als zu allgemein formuliert, zu aussageschwach oder mit zu viel theologischer Reflexion und Dogmatik überladen. Wünschenswert wäre es, wenn auch die Orationen besser die Situation der Versammlung berücksichtigen und – ohne einseitige Engführung – eventuell auch auf die Schriftlesungen zurückgreifen würden, wie es z. B. an einigen Sonntagen der Österlichen Bußzeit der Fall ist. Die Formulare des Meßbuchs, die unter den Abschnitten ‚Tages-, Gaben- und Schlußgebete zur Auswahl' stehen, sind hier richtungsweisend zu empfehlen.

Besondere Obacht gilt auch den liturgischen Aktionselementen, denen in thematischen Messen großes Gewicht beigemessen wird. Viele Zeichen, Gesten und Haltungen erschweren gerade jungen Leuten, die nicht mehr in einer selbstverständlichen Tradition aufgewachsen sind, den Zugang zum gottes-dienstlichen Geschehen. Neu entwickelte Zeichenhandlungen aus dem Umfeld der Alltagserfahrung werden dagegen mit Begeisterung vollzogen. Viele solcher Aktionen sind jedoch mit einer Gruppe nur einmal zu begehen. Wichtig wäre es, alle Sinne ansprechende neue liturgische Zeichen, Gesten und Körperhal-tungen zu finden, die aus sich heraus für den Menschen von heute verstehbar und nachvollziehbar sind und die sich auch bei häufiger oder regelmäßiger Wiederholung nicht abschleifen.

Vielleicht können solche Anregungen ein kleiner Schritt vorwärts zu einem umfassenderen Verständnis für die Messe als Verkündigung der Frohen Bot-schaft und der Mahlgemeinschaft mit unserem Bruder Jesus und untereinan-der sein.

Solches Bemühen müßte getragen sein von einer auch außergottesdienstli-chen Beschäftigung mit der Bibel, mit der Liturgie und speziell der Euchari-stie. Ein Grundwissen und eine Bildung in diesen Bereichen muß als unab-dingbare Voraussetzung für die Feier der Messe gelten. Aus einem vertieften Verständnis der Heiligen Schrift und der Eucharistie ergibt sich dann auch eine neue Sicht auf die Schwierigkeiten jedes einzelnen und der Welt, ja eine Ver-wandlung unseres Blickes, bis wir – wie es das Konzil der Jugend von Taizé schreibt – mit den Augen Christi auf Gott, auf uns Menschen und auf diese Welt sehen.

Martin Klöckener

Literatur zum Thema

W. Nagel, Kann eine Thematisierung der Gottesdienste zum Prinzip neuer Gottesdienst-gestaltung werden? in: Kerygma und Melos (FS C. Mahrenholz), hrsg. v. W. Blanken-burg u. a., Kassel u. a. 1970, 115–122. (Darstellung aus evangelischer Sicht, die jedoch auch für die Diskussion in der katholischen Kirche fruchtbar zu lesen ist.)

H. Rennings, Modelle thematischer Meßgestaltung? in: Lit. Jahrbuch 21 (1971) 117–119.

P. Harnoncourt, Motivmessen und Votivmessen, in: Gottesdienst 8 (1974) 121–123.

Ders., Thematische Meßfeiern. „Motivmessen" und „Votivmessen" mit den neuen litur-gischen Büchern, in: Lebendige Seelsorge 26 (1975) 286–291.

D. Eissing, Sonntagsfeier in Gefahr, in: Gottesdienst 10 (1976) 123–127.

A. A. Häußling, Meßhäufigkeit und „Motivmessen", in: Gemeinde im Herrenmahl (FS E. J. Lengeling), hrsg. v. T. Maas-Ewerd u. a. ²1976, 143–149.

H. B. Meyer, Zuerst der Sonntag. Die Feier des „Herrentages" und die Anliegen der „Zwecksonntage" sinnvoll verbinden, in: Gottesdienst 12 (1978) 185f.

K. Richter, Die liturgische Feier des Sonntags im Kirchenjahr, in: Theologie und Glau-be 68 (1978) 23–39.

R. Schwarzenberger, Zwecksonntage – Zweckentfremdung der Feier der Heilsgeheim-nisse? in: Bibel und Liturgie 52 (1979) 198–203.

A. Adam/R. Berger, Pastoralliturgisches Handlexikon, Freiburg u. a. 1980, 515f.

K. Richter, Haben „Zwecksonntage" einen Sinn? in: Diakonia 11 (1980) 205–210.

R. Pacik, Zur thematischen Gestaltung der Meßfeier, in: Bibel und Liturgie 54 (1981) 62–69.

H. Rennings, Der Sonntag und die Zwecksonntage, in: Concilium 17 (1981) 149–153.

D. Eissing, Immer zuerst Feier. Zur Problematik von „thematischen Gottesdiensten", in: Gottesdienst 16 (1982) 124ff.

H. Rennings, Die Sonntagsliturgie und die Zwecksonntage, in: Lebendige Seelsorge 33 (1982) 289–293.

BEWUSST BETEN:

Präfation für Sonntage VIII

Einheit der Dreifaltigkeit und Einheit der Kirche

In Wahrheit ist es würdig und recht, dir, allmächtiger *Vater,* zu danken und dein Erbarmen zu rühmen. Die Sünde hat die Menschen von dir getrennt, *du* aber hast sie zu dir zurückgeführt durch das Blut deines *Sohnes* und die Kraft deines *Geistes.* Wie *du* eins bist mit dem *Sohn* und dem Heiligen *Geist,* so ist deine Kirche geeint nach dem Bild des dreieinigen Gottes. Sie ist dein (d. h. Gottes) heiliges *Volk,* der *Leib* Christi und der *Tempel* des Heiligen Geistes zum Lob deiner Weisheit und Liebe.

Es wäre sicher interessant zu erfahren, nach welchen Gesichtspunkten bei der Eucharistie die Auswahl der Präfation vorgenommen wird. Das gilt weniger für die ja von leicht erkennbaren Schwerpunkten bestimmten Feste und geprägten Zeiten des Herrenjahres als betreffs der Zeit im Jahreskreis. Dennoch hat auch diese Phase Aufmerksamkeit verdient. Die ‚Grundordnung des Kirchenjahres' sagt dazu: In ihr wird das Christusgeheimnis eher als ganzes gefeiert, zumal an den Sonntagen (Artikel 43).

Zu guter Letzt

Wir alle kennen die Redensart ‚Zu guter Letzt'. Man meint damit – nach einer mehr oder weniger langen Folge von Aufzählungen bzw. Ereignissen: Nun zum Ende, zum Abschluß. Manche Sprachforscher bringen den Ausdruck mit dem Zeitwort ‚sich letzen' zusammen, d. h. ‚sich laben, erquicken, gütlich tun'. Also: Einen guten Abschied (evtl. Abschiedsschmaus; Abschiedstrunk) begehen. Das ‚Letzte' kann also durchaus etwas Gutes sein.

Das Meßbuch bietet für die Sonntage im Jahreskreis acht Präfationen an. Die uns hier interessierende ‚Präfation für Sonntage VIII' bildet in dieser Serie die letzte. Doch ist auch sie in Gehalt und Bildhaftigkeit ein wertvolles ‚zu guter Letzt' und sollte nicht ‚die Letzte' bei der Auswahl sein. Ihre preisenden Aussagen kreisen dabei um Gott, Kirche und das Verhältnis zueinander.

Gott: Vater – Sohn – Geist

Im ersten Gedankengang entwirft das Gebet ein großartiges Konzept liturgischer Zusammenkunft: *Gott* will die Menschen – welche die Sünde weit zerstreut – von neuem (an einem Ort) versammeln (congregare). – Dies geschieht durch *Jesu* Hingabe in der Kraft des *Geistes* Gottes. Bemerkt sei, daß die deutsche Übertragung der zentralen Sätze

der Präfation etwas blaß wirkt und deshalb ein Blick auf das lateinische Original lohnt.

Bei den genannten Aussagen haben wir es mit genuin christlicher
Gebetstheologie zu tun (die leider sehr oft durch mancherlei zweitran-
gige Formen des Betens verdunkelt wird). *Gott* ist es, der uns ruft, an
ihn richtet sich – nach Jesu Wort – das Gebet: Vater unser! Das gilt
besonders vom liturgischen Beten. Dies drückte ja schon eindeutig die
Synode von Hippo (Kanon 21) im Jahre 393 aus, die „am Altar" nur
zum Vater zu beten erlaubte *(J. Pascher)*. – Damit wird *Jesu* eigentliche Stellung keineswegs gemindert. Christen sind ja in seinem Namen
beisammen; das ist das typische ‚christlicher' Versammlung. Liturgisches Gedächtnis – speziell im Herrenmahl – besitzt maßgebliche
Bindung an Jesus (vgl. Paschamysterium). – Gottesdienstliche Versammlung ist aber ebenso abhängig von der Kraft des *Geistes* Gottes,
des Parakleten (Beistandes) nach Jesu Heimgang zum Vater. Deshalb
wird die Kirche auch nicht müde – gerade in der Eucharistie – den
Geist auf sich und die Gaben herabzurufen (Epiklese).

Es tut unserem ‚bewußten Beten' sicher gut, sich wieder einmal auf
diesen primären ‚Adressaten' einzustellen, den der Anfang der Präfation nennt: Herr, Heiliger Vater, Allmächtiger, Ewiger, Gott – ohne
dabei den Sohn und den Geist zu ‚vergessen'. Zudem werden – im
Zuge ‚groß-ökumenischer' Bemühungen – solcher genuinen Sicht
auch andere ‚Brüder im Gottesglauben' (z. B. Juden und Muslim) er-
höhtes bzw. besseres Verständnis entgegenbringen!

Kirche: Volk – Leib – Tempel

Das lateinische Original überschreibt die Präfation: De ecclesia ad-
unata ex unitate Trinitatis. Die Dreieinigkeit (in echter Sicht) ist von
daher zunächst Urgrund für die Vereinigung bzw. Verbindung (‚Einheit') der Kirche. Darüber hinaus bildet die Vereinigung bzw. Verbindung (‚Einheit') – nach dem Bild der Dreieinigkeit – ein ‚Kennzei-
chen' (nosceretur) der Kirche. Diese Bezüge werden darum in der
Präfation auch mit Bildern gekennzeichnet, die besondere Zuordnung
zu Vater, Sohn und Geist besitzen. So ist sie *Volk* (Gottes), *Leib* Christi und *Tempel* des Geistes. Im Begriff ‚Volk' klingen alle Töne an, die
(seit dem Alten Testament) mit ‚Sammlung und Zerstreuung der Gemeinde Gottes' zu tun haben. – ‚Leib' ist das großartige Bild, mit dem
das paulinische Schrifttum das Verhältnis von Haupt und Gliedern
(Eph 1,23; Kol 1,18) sowie der Glieder untereinander (Röm 12, 4ff)
kennzeichnet. Alle haben in ihren unterschiedlichen Gaben Anteil am
vielfältigen Wirken dieses einen Leibes. – ‚Tempel' ist die Kirche, weil
Heiliger Geist in den Christen wohnt (1 Kor 6,19; vgl. auch 1 Kor
3,16f; Eph 2,21f).

Unser ‚bewußtes Beten' kann gewinnen, wenn Vorsteher und Gemeinde gerade beim Hochgebet von all dem überzeugt sind: dafür
danken und darum bitten. Hochgebet stellt im Grunde freilich primär
Lobpreis dar. Darum ist es verständlich, daß die Präfation dies auch
ausdrücklich betont. Unser Text sieht den heutigen Lobpreis (in den
genannten Zusammenhängen) speziell vor dem Hintergrund der ‚vielfältigen Weisheit' (sapientiae multiformis) Gottes.

Ergebnis – Perspektiven
Die Präfation für Sonntage VIII enthält – wie bei dieser Gattung üblich – in überaus komprimierter Weise zentrale Aspekte liturgischen
Betens. Dem Gesamtvollzug ist es sicher dienlich, wenn wir diesen
Text nicht nur bewußt beten, sondern uns auch (sonst) um ihn
mühen. Genannt seien vor allem persönliche Meditation und (homile-
tische) Auslegung. Auch können einzelne Motive beim Gebet in Stille
(etwa nach der Kommunion; evtl. zuvor kurzer Hinweis) anregend
mitschwingen.

Nicht zuletzt sollte solch liturgisches Beten ebenfalls unser persönliches Gebet positiv beeinflussen und in seinen Aspekten eine Brücke
zur Verkündigung und zum Handeln schlagen. Jedenfalls eröffnet
diese Präfation schon auf den ersten Blick reichhaltige Perspektiven
und näheres Zusehen zeigt, daß sich intensive Beschäftigung mit ihr
wahrlich lohnt.

Hermann Reifenberg

Präfation für Wochentage I

Die Erneuerung der Welt durch Christus

Wir danken dir, Vater im Himmel, und rühmen dich durch unseren Herrn
Jesus Christus. Denn ihn hast du zum Haupt der neuen Schöpfung gemacht,
aus seiner Fülle haben wir alle empfangen. Obwohl er dir gleich war an Herrlichkeit, hat er sich selbst erniedrigt und der Welt den Frieden gebracht durch
sein Blut, das er am Stamm des Kreuzes vergossen hat. Deshalb hast du ihn
über alle Geschöpfe erhöht, so wurde er für jene, die auf ihn hören, zum Urheber des ewigen Heiles. Durch ihn preisen wir ...

Präfationen sind die Ouvertüre des Eucharistischen Hochgebetes, vergleichbar dem Portal einer gotischen Kathedrale, das nicht nur in das
innere Heiligtum hineinführt, sondern bereits von dessen Herrlichkeit
kündet und im Besucher die Vision vom himmlischen Jerusalem aufleuchten läßt. Das Grundthema des Hochgebetes, der dankende Lob-

preis für die Erlösung in Christus, wird in den Präfationen bereits aufgegriffen und in seinen Grundakkorden vernehmlich gemacht. Darum
dürfen Präfationen weder zum Bittgebet werden (wie die frühere Apo-
stelpräfation) noch zu einer detaillierten Lebensbeschreibung von Heiligen, wie es im Mittelalter häufig der Fall war. – Die nachkonziliare
Liturgiereform hat nicht nur diese Fehler überwunden, sondern eine
Fülle neuer Präfationen gebracht, die z. T. den vergessenen Schätzen
der Vergangenheit entnommen, z. T. aber auch neu geschaffen wurden.

Zu diesen Neuschöpfungen gehört die Präfation für die Wochen-
tage I. Man hat sie ein „Mosaik von paulinischen Texten" genannt[1],
wobei sich die einzelnen Mosaiksteine zu einer kraftvollen Christus-
ikone zusammenfügen. Diese Texte werden zu einem eindrucksvollen
Christushymnus.

Schon der erste Satz des Propriums *(Denn ihn hast du zum Haupt
der neuen Schöpfung gemacht)* enthält eine inhaltsschwere Aussage
über Christus, die Eph 1,10a entnommen ist. Dort ist davon die Rede,
daß nach dem Willen des himmlischen Vaters alles im Himmel und
auf der Erde in Christus „vereint" (Einheitsübersetzung) wird. Das
griechische Wort (anakephalaiōsasthai) wird in der lateinischen Vor-
lage der Präfation mit „instaurare" wiedergegeben, was meist mit „er-
neuern" übersetzt wird. Demgegenüber berücksichtigt das deutsche
Meßbuch von 1975 den im griechischen Verbum enthaltenen Begriff
„Haupt" und kommt so zur obengenannten Übersetzung. Hier klingt
das Paulinische Kerygma vom Corpus Christi mysticum an, in dem
Christus die Funktion des Hauptes hat. Von ihm gehen die beleben-
den und gestaltenden Kräfte in den Leib und die Glieder über, Haupt
und Glieder stehen in engster Lebens- und Wirkgemeinschaft. Jedes
Glied dieses Leibes darf und muß bekennen: *aus seiner Fülle haben
wir alle empfangen,* wie es die Präfation im Anschluß an Joh 1,16 aus-
spricht.

Wenn Christus im Blick auf Eph 1,10 und Kol 1,20 Haupt der
neuen Schöpfung genannt wird, so besagt dies, daß er auch Mitte,
Quelle und Ziel alles Geschaffenen ist. „Er ist das Haupt und die Zu-
sammenfassung, die Bündelung und die Quelle aller pneumatischen
und kosmischen Kräfte"[2], „alles ist durch ihn und auf ihn hin geschaffen" (Kol 1,16), ihm eignet eine universelle Kausalität und Finalität.

Diese einzigartige Stellung des Gottmenschen Jesus Christus beginnt mit seiner Menschwerdung, in der die Herrlichkeit seiner göttli-

---

[1] So *H. Ashwort,* Praefationum fontes novarum liturgici, biblici et patristici, in: EphLit 82 (1968)
430.
[2] *H. Haag* (Hrsg.), Bibellexikon (Einsiedeln u. a. 1956), Art. Kirche Sp. 924.

chen Präexistenz verhüllt ist: Er „entäußerte sich und wurde wie ein
Sklave und den Menschen gleich" (Phil 2,7), um als Mensch zu leiden
und einem schmachvollen Tod überantwortet zu werden. Diesen ersten Teil des Pascha-Mysteriums faßt die Präfation mit wenigen Worten aus den Christushymnen im Philipper- und Kolosserbrief in be-
wundernswerter Prägnanz zusammen: *Obwohl er dir gleich war an
Herrlichkeit, hat er sich selbst erniedrigt* (Phil 2,6a.8a) *und der Welt
den Frieden gebracht durch sein Blut, das er am Stamm des Kreuzes
vergossen hat* (vgl. Kol 1,20).

In der gleichen lapidaren Kürze wird die Verherrlichung Christi als
zweite Phase des Pascha-Mysteriums verkündet: *Deshalb hast du ihn
über alle Geschöpfe erhöht, so wurde er für jene, die auf ihn hören,
zum Urheber des ewigen Heiles* (vgl. Hebr 5,9). Hier wird deutlich,
daß die Universalität des göttlichen Heilswillens Halt macht vor der
Verweigerung des Glaubensgehorsams. Heilbringer wird Christus nur
für jene, die auf sein Wort hören, d. h. die das Horchen zu einem
Gehorchen werden lassen, ein Wortspiel, das genau der griechischen
Wortbildung entspricht (akoúein = hören und hypakoúein = gehorchen; vgl. Jak 1,22–25).

So ist das Proprium dieser Präfation ein Christushymnus aus neutestamentlichen Elementen, ein Abriß der Christologie und Soteriolo-
gie, eine Kurzform des christlichen Credo. Je lebendiger dieser Glaube
in unserem Bewußtsein steht, je tiefer wir erfassen, daß hinter jedem
Satzteil Stationen der Heilsgeschichte stehen, die jeden von uns exi-
stentiell betreffen, umso freudiger stimmen wir mit dem zum Sanctus
überleitenden Satz in den Lobpreis des göttlichen Erbarmens ein *und
singen mit den Chören der Engel das Lob deiner Herrlichkeit.*

Ein solches rühmendes Bekenntnis des uns erlösenden Herrn erfüllt
in hervorragender Weise die Funktion, Portal zu sein, das uns ins
innerste Heiligtum der eucharistischen Feier hineinführt, wo wir im
Glauben Zeugen der Vergegenwärtigung des Kreuzesopfers sind und
mit dem erhöhten Herrn sakramental vereinigt werden.

Adolf Adam

LITURGISCHES STICHWORT:

Amen

Das *Amen* gehört zu den wenigen Wörtern, die aus der hebräischen Sprache unübersetzt in den christlichen Gottesdienst übernommen und darin beibehalten worden sind. Augustinus führt diese Eigentümlichkeit auf den „sakralen Charakter" des Wortes zurück (doctr. christ. 2,11,16 [CCL 32,42]). An einer anderen Stelle gibt er folgende Erklärung: „Es wurde nicht übersetzt, damit es durch den Schleier des Geheimnisses um so ehrwürdiger wäre, nicht damit es unverstanden bliebe, sondern damit es nicht durch die Enthüllung an Wert verlöre" (tract. in Ev. Joh. 41,3 [CCL 36,359]). Wieweit diese Interpretationen zutreffen, sei dahingestellt. Tatsache ist jedenfalls, daß die christliche Verwendung dem Vorbild der jüdischen Synagoge entspricht. Dort, wo in frühjüdischer Zeit der Gottesdienst in aramäischer Sprache gefeiert wurde, hat man das hebräische Fremdwort *Amen* beibehalten, obwohl es aramäische Äquivalente gab (vgl. *J. Jeremias* 388).

Im Alten Testament

Das *Amen* dient im Alten Testament zur Bejahung eines Befehls (vgl. 1 Kön 1,36) oder einer Heilsansage (vgl. Jer 28,6). Am häufigsten begegnet es uns in Verbindung mit Flüchen, die über eine Gemeinde oder über eine einzelne Person ausgesprochen werden (vgl. Dtn 27,15–26; Num 5,22; Neh 5,13). Die angesprochene Gemeinde oder Person unterwirft sich mit dem *Amen* der Strafe, die ihr für den Fall der Verschuldung angedroht ist.

Die gottesdienstliche Verwendung des *Amen* erscheint zum ersten Mal in einem nachexilischen Buch. Neh 8,6 heißt es: „Und Esra pries Jahwe, den großen Gott, und alles Volk antwortete: Amen, amen, indem sie ihre Hände erhoben." 1 Chr 16,36 wird der Brauch, auf den Lobpreis Gottes mit *Amen* zu antworten, in die davidische Zeit zurückverlegt. Über die Bedeutung der Verdoppelung des Wortes *Amen* gehen die Ansichten der Exegeten auseinander. Einige meinen, das doppelte Amen könne liturgischem Brauch entsprochen haben. Andere schreiben ihm einen distributiven Sinn zu, d. h. die Wiederholung bringe zum Ausdruck, daß jeder einzelne mit *Amen* geantwortet habe.

An allen erwähnten Stellen wird das *Amen* nicht zur Bekräftigung der eigenen Rede gebraucht, sondern als Zustimmung zur Rede eines anderen. Umso auffälliger ist, daß im Buch Tobit eine abweichende Gewohnheit bezeugt ist. Nach dem Gebet, das Tobias gesprochen, bevor er die intime eheliche Beziehung zu seiner Frau Sara aufgenommen hat, findet sich die Bemerkung: „Und Sara sagte zusammen mit ihm: Amen" (Tob 8,8). Hier bekräftigt der Beter zusammen mit seiner mitbetenden Frau sein eigenes Gebet mit *Amen*.

Aus dem gottesdienstlichen Gebrauch der Akklamation *Amen* dürfte sich sehr wahrscheinlich der Brauch entwickelt haben, einzelne Bücher mit einer Lobpreisformel und einem ihr beigefügten *Amen* zu beschließen (vgl. Ps 41,14; 72,19; 89,53; 106,48).

Wer *Amen* sagt, erklärt damit, daß das zuvor gesprochene Wort feststeht, ‚wahr' ist. Zugleich erkennt er das Wort als ‚gültig' und darum für sich als verpflichtend an. Er macht sich mit dem Ruf *Amen* an dem zuvor gesprochenen Wort fest. Je nach dem Inhalt des Gesagten ist *Amen* in unserer Sprache wiederzugeben mit: ‚So ist es' oder: ‚So sei es'.

Vom Alten Testament zum christlichen Gottesdienst

Im Frühjudentum und in der Urkirche wurde die alttestamentliche Tradition der Verwendung des *Amen* fortgesetzt; allerdings verschwand in der Urkirche der Gebrauch des *Amen* als Antwort auf Fluchworte. In unserem Zusammenhang kommt es nur auf die gottesdienstliche Verwendung an.

Der synagogale Gottesdienst kannte an verschiedenen Stellen das responsorische *Amen* der Gemeinde auf das Wort des Vorbeters. Dem Vorbeter selbst war es nicht erlaubt, in die Akklamation der Gemeinde einzustimmen (vgl. *Billerbeck* 3, 456–461). Das *Amen* war „die Hauptform gemeindlicher Mitwirkung am Gottesdienst" *(Krause* 391).

Die Verwendung des *Amen* im christlichen Gottesdienst bezeugt zum ersten Mal Paulus. Im ersten Korintherbrief weist er darauf hin, daß das Zungenreden nur dann zum Aufbau der Gemeinde beiträgt, wenn der Sprecher sein Reden auslegen kann. Paulus fährt fort: „Denn wenn ich nur in Zungen bete, betet zwar mein Geist, aber mein Verstand bleibt unfruchtbar. Was folgt daraus? Ich will nicht nur im Geist beten, sondern auch mit Verstand. Ich will nicht nur im Geist Gott preisen, sondern auch mit dem Verstand. Wenn du nur im Geist den Lobpreis sprichst und ein Unkundiger anwesend ist, so kann er zu deinem Dankgebet das Amen nicht sagen; denn er versteht nicht, was du sagst. Dein Dankgebet mag noch so gut sein, der andere hat keinen Nutzen davon" (1 Kor 14,14–17). Der Zusammenhang, in dem Paulus hier auf das *Amen* zu sprechen kommt, läßt erkennen, welch hohe Bedeutung er der Akklamation beigemessen hat, läßt aber zugleich auch deutlich werden, wie wichtig im Gottesdienst der Gebrauch einer den Teilnehmern verständliche Sprache ist. Nur auf ein Gebet, das die Anwesenden verstehen, können sie mit *Amen* antworten.

In den Schriften der altkirchlichen Autoren treffen wir auf zahlreiche Hinweise, die sich sowohl auf die Verwendung als auch die Bedeutung des *Amen* im Gottesdienst beziehen. Vor allem betonen sie die Akklamation in Verbindung mit dem Eucharistischen Hochgebet und mit dem Empfang der Kommunion. Justin der Martyrer berichtet um die Mitte des 2. Jahrhunderts über das Eucharistische Hochgebet: „Wenn der Vorsteher die Gebete und Danksagungen vollendet hat, so ruft das ganze anwesende Volk zustimmend Amen" (apol. 1,65). Nachdem Ambrosius von Mailand († 397) den Neugetauften erläutert hat, daß das eucharistische Brot zwar seinem Aussehen nach dem täglichen Brot gleicht, seinem Wesen nach sich jedoch davon unterscheidet, fährt er fort: „Du sagst keineswegs unnützer Weise ‚Amen', indem du im Geist bekennst, daß du den Leib Christi empfängst. Wenn du also (um die Eucharistie) bittest, sagt der Bischof zu dir: ‚Leib Christi', und du antwortest: ‚Amen', d. h. so ist es. Was die Zunge bekennt, soll das Herz festhalten" (sacr. 4,5,25 [CSEL 73,56f]).

In prägnanter Weise umschreibt Augustinus die Bedeutung des Wortes *Amen,* wenn er sagt: „Meine Brüder, euer Amen ist eure Unterschrift, eure Zustimmung, euer Beitritt zum Vertrag" (serm. frg. 3 c. Pelag.: PL 39,1721). Wenn z. B. am Ende des Tagesgebetes oder des Eucharistischen Hochgebets die Gemeinde *Amen* ruft, dann bezeugt sie darin, daß die vom Priester gesprochenen Worte nicht allein dessen persönliches Gebet sind, sondern zugleich auch ihr Gebet. Wenn der Kommunionempfänger auf den Zuspruch „Leib Christi" oder „Blut Christi" mit *Amen* antwortet, so bekundet er damit seinen Glauben an die Gegenwart Christi unter den Gestalten von Brot und Wein.

Zur Erweiterung des Amen

Die häufige Verwendung des *Amen* im Gottesdienst und dessen Kürze haben dazu geführt, daß die Bedeutung der Akklamation kaum noch ins Bewußtsein tritt. Der Ruf erfolgt fast automatisch („So sicher, wie das Amen in der Kirche"). Um dem entgegenzuwirken, ist man in benachbarten Sprachgebieten, aber auch im festlichen Papstgottesdienst dazu übergegangen, das *Amen* der Gemeinde in Verbindung mit dem Eucharistischen Hochgebet durch eine erweiterte musikalische Gestaltung oder durch eine zweifache Wiederholung (gelegentlich mit Chorbegleitung) hervorzuheben. Auf eine Anfrage hin hat die Kongregation für die Sakramente und den Gottesdienst erklärt, daß zur Erweiterung des *Amen* nach dem Hochgebet „entfaltete Gesänge verwendet werden können, die der Akklamation des ganzen Volkes die nötige Ausdruckskraft und Festlichkeit verleihen" (Notitiae 14 [1978] 305).

Im Trierer Dom ist folgende Praxis üblich: Zunächst antwortet die Gemeinde auf die Doxologie des Hochgebets mit dem im Meßbuch vorgesehenen einfachen *Amen*. Dann führt der Kantor die Akklamation mit einem dreifachen *Amen* (nach der Melodie GL 530,2) weiter und die Gemeinde wiederholt den dreifachen Ruf (vgl. Gottesdienst 12 [1978] 171).

Weitere Möglichkeiten nennt *H. Büsse* (170):

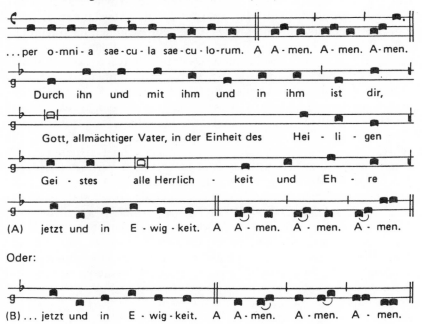

Oder:

Bei der Heiligsprechung des seligen Johann Nepomuk Neumann in Rom am 19. Juni 1977 haben Chor und Gemeinde in folgender Weise auf das Eucharistische Hochgebet geantwortet:

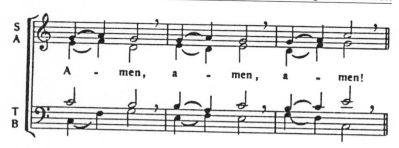

Literatur:

P. Billerbeck, Kommentar zum Neuen Testament aus Talmud und Midrasch 3, München 1926;

H. Büsse, Das Amen der Gemeinde, in: Gottesdienst 12 (1978) 169–171;

J. Jeremias, Amen I, in: Theologische Realenzyklopädie 2 (1978) 386–391;

G. Krause, Amen II: ebd. 391–402.

Josef Schmitz

Zur Bergpredigt

Ingo Broer
Friede durch Gewaltverzicht?
Vier Abhandlungen zur Friedensproblematik und Bergpredigt.
Kleine Reihe zur Bibel, Band 25;
Format 11×18,5 cm; 80 Seiten; kartoniert; DM 7,90
ISBN 3-460-**10251**-9

Das Thema Frieden hat nicht nur eine politisch brisante Dimension. Die
Frage nach Krieg und Frieden ist so alt wie die Menschheit. Jesu Bergpredigt macht sie zum wichtigsten Auftrag des Christen. Der Autor versucht, in vier exegetisch orientierten Aufsätzen den christlichen Auftrag
zum Thema Frieden herauszuarbeiten. Die Stellung der Antike zum Thema
Frieden, die Auffassungen der Urkirche und der anfangenden Christenheit
werden gleichermaßen berücksichtigt. Die Weisungen der Bergpredigt von
der Gewaltlosigkeit bis hin zur Feindesliebe werden als Handlungsorientie-
rungen für jeden Christen aufgewiesen. Der einzelne Christ und die Kirche
als Ganze sind verpflichtet, diesem Maßstab treu zu bleiben, auch wenn
Nachteile daraus erwachsen.

Jan Lambrecht
Ich aber sage euch
Die Bergpredigt als programmatische Rede Jesu (Mt 5–7; Lk 6,20–49)
Format 14×21,9 cm; 252 Seiten; 1 Beilage mit synoptischen Texten
(20 Seiten); kartoniert; DM 32,–
ISBN 3-460-**32231**-4

Die programmatische Rede Jesu ist in zwei Versionen erhalten geblieben:
Die des Matthäus in der Bergpredigt (Mt 5–7) und die des Lukas in der
Feldrede (Lk 6,20–49).
Jan Lambrecht behandelt beide Versionen unverkürzt. Darüber hinaus
bespricht er das in den Texten enthaltene Überlieferungsmaterial von
Matthäus und Lukas. Damit bekommt sein Werk einen besonderen Stellenwert: Die alten Texte und Traditionen werden besser verstanden und
können somit für die heutige Situation konkret angewendet werden. Die
Vorzüge dieser Arbeit liegen insbesondere darin, daß der Text auf die einzig
adäquate Weise erklärt wird: Als ein Text, dessen Inhalt durch verschiedene Situationen hindurch gewachsen ist und jeweils einen anderen
Aussagegehalt aufweist. Die Erklärungen sind nicht nur mit großer Sorgfalt
ausgearbeitet, sondern auch klar und eindeutig formuliert. Lambrecht versucht, auf einfache und diskrete Weise Bibel und Leben, Vergangenheit
und Gegenwart zu verbinden.

Verlag
Katholisches Bibelwerk GmbH
Silberburgstraße 121 A, 7000 Stuttgart 1
Telefon 07 11 / 62 60 03 / 04

HOMILETISCHES STICHWORT:

Predigtvorbereitung in der Gruppe

Auf einem Tisch liegt ein großer Bogen Papier. Um den Tisch herum sitzen außer mir acht Jugendliche. Einer hat einen Filzstift in der Hand; er hat sich bereiterklärt, gleich in großer Schrift, für alle lesbar, festzuhalten, was die anderen sagen werden. Dann – nach einem Moment, in dem alle ruhig werden können – liest ein Mädchen die Erzählung von der Himmelfahrt Jesu (Apg 1,1–12) in der Übersetzung vor, die auch im Gottesdienst verlesen wird. Die ersten Äußerungen nach der Lesung kommen noch zögernd, aber bald muß der Schreiber sich anstrengen, wenn er alles festhalten will: „Himmel und Hölle“, sagt einer. Einem anderen fällt ein: „Vatertag, Ausflug ins Grüne“. Weiter heißt es: „Christus als Weltherrscher“. „Reagan, Breschnew“. „Geld regiert die Welt.“ „Unsere Heimat ist im Himmel“. „Himmelfahrt des Elija“, wirft ein besonders bibelkundiger Teilnehmer ein. Jetzt geht es in liturgischen Assoziationen weiter: „Höhepunkt der österlichen Zeit. Pfingsten. Bittage. – Warum eigentlich die Bittage in den Tagen vor Christi Himmelfahrt?“ „Mir ist die Erde, ehrlich gesagt, lieber als der Himmel!“ „Warum denn gleich in die Luft gehen? Greif lieber zur HB“ (allgemeines Lachen). „Einer der Raumfahrer: ich habe da oben keinen Gott gesehen!“ ...

Der Szene, die ich hier beschrieben habe, liegt die Erinnerung an eine Gesprächsrunde mit jungen Christen zugrunde, in der wir versuchten, gemeinsam eine Predigt zum Fest Christi Himmelfahrt vorzubereiten. Die hier verwandte Methode war die des ‚Brainstorming‘, also des ‚Gedankensturms‘: Jeder durfte und sollte das sagen, was ihm zum Text oder zur Äußerung seines Vorredners einfiel. Kritische Fragen, ob die Äußerung passend sei, ob sie für die Predigt tatsächlich hilfreich sei, waren in dieser, der ersten Phase noch nicht erlaubt: so wurde der kreative Freiraum größer. Eine kritische Durchsicht erfolgte danach, in einer zweiten Phase; hier blieb dann auch der Werbespruch für die HB auf der Strecke – wobei ich durchaus nicht ausschließen möchte, daß auch er für eine Predigt einmal hilfreich sein könnte.

Eine andere Szene, und damit zugleich eine zweite Methode (‚geistliches Predigtgespräch‘ könnte man sie nennen): Die Gruppe sitzt beieinander. Zwar hat auch jeder den Text in der Einheitsübersetzung vor sich liegen, aber zunächst liest der Leiter den Text laut vor. Danach ist zwei, drei Minuten Stille, in der jeder noch einmal über die Perikope nachdenken, sich von ihr treffen lassen, einzelne Sätze oder Wort in seinem Text anstreichen kann. Auf Einladung des Leiters beginnt dann einer aus der Gruppe, der anfangen möchte, und sagt, (l.) was ihn am meisten angesprochen hat, wo ihm ein Licht aufgegangen ist, was ihm die Mitte des Textes zu sein scheint, sagt aber auch, (2.) was ihn intellektuell oder emotional stört („Mich ärgert einfach, daß Jesus seine Freunde am Ende so allein läßt. Und Heiliger Geist hin und Wort des Engels her: Ich fühle mich von Jesus Christus oft auch ganz schön allein gelassen ...") und nennt (3.) die Dinge, die ihm sachlich unklar sind, zu denen er Fragen hat. Das Ganze läuft nicht so ab, daß einer nach dem andern etwas sagen oder fragen muß, sondern so, daß nur der, der sich wirklich äußern möchte, auch etwas sagt. Die andern dürfen ergänzende Fragen stellen, aber sollten (in dieser Phase) noch nicht ins Diskutieren kommen, sondern bestmöglich aufeinander zu hören versuchen – auf das, was dem andern eine Hilfe zum Glauben ist, was ihn stört und was für ihn eine offene Frage ist. Wer nichts sagen mag, hat das Recht zu schweigen.

Eine dritte Szene, die nochmals eine andere Methode skizziert: Wieder sitzen einige Personen um einen Tisch herum. Und wieder sind sie eingeladen, Gedanken und Gefühle zu einem Schrifttext zu äußern. Auf dem Tisch liegt jetzt aber ein großer Plakatkarton, auf dem – für jeden gut lesbar – einige Kurzfragen stehen: Für wen ist es gut? Gegen wen? Mit wem kann ich mich identifizieren? Welche Rolle könnte ich spielen? Wie lange? Wozu? Warum? Was wäre das Gegenteil? Was würde fehlen, wenn es dies Bibelwort nicht gäbe? ...
Angeleitet durch diese (und andere!) Fragen versuchen die Teilnehmer an der Gesprächsrunde, sich zu äußern, wobei sie durchaus nicht an den Fragenkatalog gebunden sind. Einer notiert, was die anderen sagen, und wie in der ersten Szene wird auch hier nach einer Phase des Sammelns zunächst ein Schlußstrich gemacht, um die Einfälle zu sortieren, kritisch durchzusehen und Ansatzpunkte für eine Predigt herauszuarbeiten. – ,Strukturiertes Brainstorming' könnte man diese Methode nennen.

Ein vierter und letzter Blick auf eine Gesprächsrunde: Einer aus dem Kreis, der nämlich, der am nächsten Sonntag predigen wird, trägt den Rohentwurf seiner Predigt vor. Aber er liest sie nicht ab, sagt auch nicht: „Hört mal bitte zu! Sonntag möchte ich damit beginnen, daß ich den Leuten sage ... Und nach der Einleitung fahre ich dann so fort, daß ich deutlich mache ...", sondern er ,predigt' hier und jetzt den acht anwesenden Personen. Diese Gruppe ist jetzt seine Gemeinde; zu ihnen spricht er in direkter und freier Rede. Anders als bei der Predigt am Sonntag in der Kirche ist nur, daß seine Hörer ihre Reaktionen nicht nur durch interessiertes Zuschauen, Räuspern, ,Wegsacken' oder, wenn es hoch kommt, durch einen nachträglichen Tele-

fonanruf kundtun können, sondern jetzt direkt, während des ‚Predigt-
vortrags' äußern sollen: Unversehens wird sich so aus der Predigt ein
Gespräch entwickeln, in dem der Prediger spürt, wo er sich unklar
ausdrückt, wo er sich widerspricht, wo er den ‚roten Faden' verliert,
wo er Begriffe und Vorstellungen einführt, die der Lebenswelt seiner
Hörer fremd sind.

Vier Szenen, vier Methoden, und zumindest zwei verschiedene
Zeitpunkte, an denen das Gruppengespräch im Ablauf des Predigtvor-
bereitungsprozesses angesiedelt ist. Auf dem Hintergrund des Rah-
mens für die Predigtvorbereitung, den *A. Damblon* (in: Weizenkorn
C 6, S. 121–124) beschrieben hat, haben die drei ersten Szenen und
die damit skizzierten Methoden in der Anfangsphase (ebd. S. 122, Zif-
fer 3), die vierte in einer Spätphase der Vorbereitung (ebd. S. 123, Zif-
fer 7) ihren Platz. Allen Szenen gemeinsam ist aber, daß die Vorbereitung der Predigt hier nicht allein Sache des Predigers ist, sondern daß
eine Gruppe von künftigen Hörern eine wichtige Rolle im Vorberei-
tungsprozeß mitübernimmt. Sicher, schneller geht es meist (aber
durchaus nicht immer), wenn man alleine ‚seine' (seine?) Predigt vorbereitet, und oftmals wird es auch gar nicht möglich sein, daß sich
eine Gruppe findet, die gemeinsam mit ihrem Pfarrer oder ihrer
Pastoralreferentin an der Predigtvorbereitung arbeiten will. Dennoch
lohnt es sich, zumindest dann und wann aus dem ‚Normalfall' der
Einzelvorbereitung auszubrechen, denn
– fünf, sechs, acht Personen sehen mehr als einer, können im Evangelium mehr entdecken, können mehr Bezüge zwischen der eigenen
Lebenswelt und den Worten der Schrift herstellen: *Eine Gruppe sieht
mehr als ein einzelner.*
– der Prediger als (im Regelfall) hauptberuflicher Priester oder Theo-
loge lebt in einer ‚Plausibilitätsstruktur', also in einer Welt von Wer-
ten, von (scheinbaren) Selbstverständlichkeiten, die sich durchaus
nicht mit der Plausibilitätsstruktur der Mehrzahl seiner Hörer decken
muß. Die Unterschiede sind da, ob der Prediger sie wahrhaben will
oder nicht: er ist der zölibatäre Priester, der Akademiker, der Theolo-
ge, der sich – trotz aller Hetze – in seine Stille zurückziehen kann, der
kein Arbeitsplatzrisiko kennt und sich keine schmutzigen Hände im
Konkurrenzkampf am Arbeitsplatz holen muß, dessen ‚Kollegen' und
Bekannte meist auch gläubig sind – und da sind die Hörer: Männer
und Frauen verschiedenster beruflicher und sozialer Herkunft, oft ver-
heiratet, zum Teil Väter und Mütter von Kindern, die durchaus nicht
immer nur Freude machen, sondern eine Last sein können, mit einer
Arbeit, die oft nur ein Job ist, die man oft schneller als erwartet verlieren kann, mit dem Zwang zur Leistung am Arbeitsplatz, unter Kolle-

gen, die vielleicht zu 90 % unkirchlich sind ... Schüler, die schon
während der Schulzeit um beste Noten kämpfen müssen und dann
doch vielleicht erleben müssen, daß sie überflüssig sind, besser gar
nicht da wären, weil sie keinen Arbeitsplatz finden ... Die Adressaten
der Predigt haben ein Recht darauf, daß *ihre* Probleme ungeschönt
angeschaut werden und daß *ihnen* Hoffnung vermittelt wird: *Eine
Gruppe hilft, Fragen zu formulieren, Themenfelder zu entdecken, an
die der Prediger allein nicht gedacht hätte, fordert dazu auf, das kirch-
lich-theologische Binnenmilieu vieler Sonntagspredigten aufzuspren-
gen.*
– So wird praktisch ernst genommen, was theologisch ‚an sich' klar
ist: daß nämlich Gottes Geist nicht nur im amtlichen Prediger, sondern in jedem Christen gegenwärtig ist und sich zu Wort melden kann:
*Eine Gruppe hilft, daß die Kirche sich als ‚königliche Priesterschaft'
verwirklichen und die Großtaten Gottes verkünden kann* (1 Petr 2,9),
macht deutlich, daß der heutige Prediger mindestens so wie der Apostel Paulus auf seine Hörer angewiesen ist: als dieser nämlich an die
Gemeinde in Rom schrieb, daß er zu ihnen kommen und ihnen geist-
liche Gaben vermitteln wollte, korrigierte er sich gleich und fuhr fort:
„... oder besser: damit wir, wenn ich bei euch bin, miteinander Zuspruch empfangen durch euren und meinen Glauben" (Röm 1,11f).

Der Versuch, die Predigt nicht allein, sondern im Gespräch mit
einer Gruppe vorzubereiten, lohnt sich. Gewiß, ideal wäre es, wenn
die Gruppe in ihrer Zusammensetzung die Vielfalt der Hörer wider-
spiegelte, und gut wäre es, wenn die Gruppe sich regelmäßig treffen
könnte. Aber warum kann es nicht einmal eine Gruppe aus dem
Altenheim, ein anderes Mal eine CAJ-Gruppe, dann wieder ein Fami-
lienkreis sein? Und wenn die gemeinsame Vorbereitung auch nicht zu
jedem Sonntag möglich ist, sondern nur einmal im Monat oder gar
nur einmal im Vierteljahr: Nutzen werden davon alle Gemeindemitglieder haben – und das nicht nur einmal im Quartal oder alle vier
Wochen, sondern langfristig an jedem Sonntag, an dem gepredigt wird.
Josef Pietron

HOMILETISCHES STICHWORT:

Das Predigtnachgespräch

... Amen. Ein paar Sekunden Stille noch, und der Kaplan, der an diesem Sonntag predigen mußte, geht in die Sakristei. Er legt Talar und Rochett ab und geht nach Hause. Fünf Mal mußte er heute predigen und er ist froh, daß er es geschafft hat. Den Notizzettel legt er auf den Schreibtisch; vielleicht kann er ihn später noch einmal gebrauchen. Für heute jedenfalls ist er fertig.

Das ist aber nicht an jedem Sonntag so. In der Gemeinde, in der der Kaplan tätig ist, wird nämlich manchmal zu einem Predigtnachgespräch eingeladen. Bereits im Rahmen der Begrüßung weist der Zelebrant darauf hin. Das kann etwa so geschehen:
– Wer oft predigen muß, möchte es auch möglichst gut machen. Ob eine Predigt aber gut ist, spürt man nicht selber. Es genügt auch nicht, daß der eine oder die andere einem hinterher sagt: „Herr Pastor, Sie haben am Sonntag aber schön gepredigt." Wichtig ist, daß der Prediger von möglichst vielen Zuhörern erfährt, was sie über die Predigt denken, was sie dabei empfunden und was sie davon behalten haben. Wichtig ist, daß der Prediger etwas von dem Eindruck der Zuhörer erfährt. Daher möchte ich heute ganz herzlich all diejenigen von Ihnen, die etwa zwanzig Minuten Zeit erübrigen können, bitten, nach der Messe zu einem kurzen Gespräch hier zu bleiben. Wir treffen uns direkt nach der Messe in der Werktagskapelle. *(Modell A).*

Die Einladung zu einem Nachgespräch kann aber auch mit einem anderen Akzent erfolgen:
– In den meisten Gottesdiensten ist es so, daß allein der Prediger das Wort hat. Sie hören – mehr oder weniger intensiv – zu und können allenfalls draußen oder bei Ihnen zu Hause sagen, was Sie darüber denken. Heute nun befaßt sich die Predigt mit dem Thema ‚Gerechtigkeit schafft Frieden'; vielleicht haben Sie ja schon von dem gleichnamigen Hirtenwort der Bischöfe gehört. Ich könnte mir gut denken, daß diese Thematik Fragen in Ihnen aufwirft – Fragen an den Prediger, Fragen an andere Gemeindemitglieder oder auch Fragen an Sie selbst. Vielleicht fühlen sich auch manche von Ihnen direkt zum Widerspruch herausgefordert. Daher möchte ich Sie schon jetzt ganz herzlich zu einem Gespräch über die Predigt im Anschluß an die Messe einladen. Es sollte nicht länger als eine Stunde dauern und findet ... statt. Der Prediger würde sich sehr freuen, wenn Sie all das, was Ihnen fragwürdig oder auch falsch erscheint, dort zur Sprache bringen würden. Er möchte gern von Ihnen lernen. *(Modell B).*

Beide Einladungen sollten am Ende des Gottesdienstes noch einmal wiederholt werden.

Mit diesen beiden Einladungen sind zwei Typen von Predigtnachgesprächen angezielt, die jeweils ihren spezifischen Ort und ihr spezifisches Ziel haben (wobei freilich diese beiden Typen in der Praxis kaum ‚chemisch rein' vorkommen; hier freilich sei die ‚typische' Form einmal scharf herausgearbeitet). Die erste Einladung wirbt für ein Predigtnachgespräch, dessen Ziel es ist, dem Prediger einen Eindruck von der Wirkung seiner Worte auf die Zuhörer zu vermitteln, ihm also ein ‚feed-back' in inhaltlicher und ‚beziehungsmäßiger' Hinsicht zu geben (vgl. *A. Damblon,* Beziehung, in: Weizenkorn C 5, S. 139–143). Ein solches Gespräch dient – in seiner unmittelbaren Wirkung – weniger dem Informations- und Diskussionsinteresse der Hörer als der Selbstkontrolle des Predigers. Seinen ‚Sitz im Leben' hat es primär in der Ausbildung zum Prediger und in der (lebenslangen!) Fortbildung. (Warum sollen eigentlich zwei Prediger einer Gemeinde nicht einmal, unterstützt vom Pfarrgemeinderat, aus eigener Initiative eine Phase der Selbstkontrolle und Weiterbildung einlegen?) Da ein solches Predigtnachgespräch im inhaltlichen Sinne aber nicht primär ein ‚Gespräch über die Predigt' ist, sollte bereits in der Einladung auf eine solche Formulierung verzichtet werden, um nicht falsche Erwartungen zu wecken.

Auf ein Gespräch über den Inhalt der Predigt zielt jedoch die zweite Einladung. In einzelnen Gemeinden findet ein derartiges Predigtgespräch durchgängig nach einem bestimmten (Abend-)Gottesdienst statt; in anderen Gemeinden dann, wenn bestimmte Predigtthemen es als sinnvoll oder gar notwendig erscheinen lassen, daß man hinterher darüber spricht – seien es Themen theologischer, liturgischer oder (wie im Beispiel oben) ethisch-politischer Art. In einem solchen Predigtnachgespräch können Verständnisfragen geklärt werden, hier soll aber auch widersprochen und diskutiert werden. Wenn selbst die deutschen Bischöfe in ihrem Hirtenwort „Gerechtigkeit schafft Frieden" ausdrücklich eingestehen, daß sie keine fertigen Lösungen anbieten können und daß das Thema im gemeinsamen Dialog weiterbehandelt werden muß, dann sollte das erst recht für den ‚normalen' Prediger und seine Gemeinde gelten.

„Wir treffen uns direkt nach der Messe in der Werktagskapelle", hatte der Zelebrant in der als Beispiel angeführten Einladung zum *Typ A* des Predigtnachgesprächs gesagt: Erfahrungsgemäß muß jeder Wechsel von der Kirche in einen anderen Ort mit dem Verlust an möglichen Gesprächsteilnehmern erkauft werden. Daher sollte zumindest ein Nachgespräch dieser Art nur dann außerhalb der Kirche stattfinden, wenn es zwingend nötig ist, weil z. B. der nächste Gottesdienst zu dicht folgt. Will man ein ausführlicheres Sachgespräch über die Predigt führen *(Typ B)*, so wird es von den örtlichen Möglichkeiten abhängen, wo man sich trifft, nicht zuletzt auch davon, ob man bei dem Gespräch eine Tasse Kaffee oder ein Glas Bier trinken will.

Der Leiter des Nachgesprächs sollte, wenn möglich, nicht der Zelebrant, unter keinen Umständen der Prediger selber sein. Der Zelebrant sollte es deshalb besser nicht sein, weil der Gesprächsleiter sofort nach Abschluß des Gottesdienstes als ,lebendiges Sammelzeichen' am Ort des Gesprächs sein soll; der Prediger deshalb nicht, weil *er* bereits das Wort *hatte; seine* erste Aufgabe beim Nachgespräch ist es, zu *schweigen* und *zuzuhören,* damit die das Wort ergreifen können, die bisher zuhören mußten. Erst im späteren Verlauf des Predigtgesprächs sollte der Leiter ihm Gelegenheit geben, Stellung zu beziehen, Mißverständnisse auszuräumen oder auch einfach auf Fragen zu antworten.

Wie verhält sich nun der Leiter (oder die Leiterin)?
– Er *begrüßt* die Gesprächsteilnehmer und stellt, falls erforderlich, den Prediger und sich selber noch einmal vor. Diese ersten Sätze sind wichtig, weil dadurch Weichen für das Gespräch gestellt werden: Ob relative Unbefangenheit möglich wird, ob Humor aufkommt, ob die Gesprächsteilnehmer auch Dinge zu nennen wagen, die dem Prediger weh tun könnten, ob das Gespräch auf den Leiter oder im weiteren Verlauf auf den Prediger zentriert oder auch ein Gespräch der Teilnehmer untereinander wird, hängt von der Atmosphäre ab, die der Leiter wesentlich mit-prägt.
– Es gibt den *Anstoß* zum Gespräch. Dabei achtet er darauf, daß der Einstiegsimpuls so breit angelegt ist, daß sich jeder der Gesprächsteilnehmer irgendwie äußern kann, wenn er nur will. „Bisher hatte Herr X. gesprochen, und Sie durften ihm zuhören. Jetzt wird er zuhören, und Sie können ihm etwas sagen. Was möchten Sie ihm sagen?" Oder, vielleicht noch besser, weil es den Prediger nicht von vornherein in den Mittelpunkt rückt: „Ich denke, daß Sie nicht ohne Grund zum Predigtnachgespräch gekommen sind. Vielleicht spüren Sie noch die Gefühle, die während der Predigt in Ihnen wach wurden; vielleicht ist noch der eine oder andere Gedanke lebendig. Vielleicht gibt es irgendetwas, das Ihnen so auf den Nägeln brennt, daß Sie es jetzt unbedingt loswerden möchten. Mag einer von Ihnen etwas dazu sagen?" Weniger günstig ist es, gleich zu Beginn ,kanalisierend' zu fragen, weil das die Spontaneität der möglichen Äußerungen ersticken und die Bereitschaft zur Wortmeldung vermindern könnte („Beginnen wir am besten

mit dem Schlußsatz der Predigt. Wie empfinden sie den?" – Zum
Schweigen verurteilt sind alle die, die vom Schlußsatz nichts mehr
wissen, am Reden gehindert sind, aber auch all die, die zu ganz anderen Dingen fragen oder Stellung nehmen wollten.)
   Wichtig ist, daß der Leiter Stille aushalten kann. Wenn er lange
genug wartet, meldet sich bestimmt ein Teilnehmer zu Wort! Er soll
darauf achten, daß möglichst viele zu Wort kommen können und
nicht nur einer spricht; er soll auch Mut machen, emotionale Äußerungen von sich zu geben, falls die Teilnehmer das von sich aus nicht
tun. („Auch ich höre ja manchmal eine Predigt von den Kirchenbän-
ken aus an. Wenn sie dann zu Ende ist, frage ich mich ab und zu, was
er denn eigentlich gesagt hat – oder denke spontan: So ein Quatsch! –
oder sage mir: der redet toll, dem höre ich gern zu – oder: der hätte
eher aufhören sollen ... Gibt es jemanden unter Ihnen, der Ähnliches
empfunden hat?")
– Nach dieser ersten ausführlichen Phase, in der möglichst viele
Äußerungen gesammelt werden, versucht der Leiter im folgenden, die
vorgetragenen Gedanken und Anfragen zu *ordnen*. Er schält die zentralen Fragen und Widersprüche heraus, sammelt die eingebrachten
Gefühlsäußerungen, konfrontiert die Äußerungen der Hörer mit der
Predigt und beides mit dem Evangelium. Jetzt ist – insbesondere im
Typ B – auch der Zeitpunkt gekommen, den Prediger wieder einzu-
schalten, damit
– die angesprochenen Fragen, soweit möglich, *geklärt* werden können. Beim *Typ A* gehört dazu, daß der Leiter jetzt auch nach dem Ziel
der Predigt und der erreichten Wirkung fragt (nicht mit diesen Worten, sondern indirekt; etwa: „Wenn Sie nun gleich nach Hause gehen
und Ihre Frau Sie dort fragt: Was wurde denn heute gepredigt? – Was
würden Sie ihr in einem Satz antworten?" Oder: „Von mir selber weiß
ich, daß mich manchmal eine Predigt froh macht, tröstet, vielleicht
aufatmen läßt; ein andermal komme ich mir dagegen wie geohrfeigt
und ganz klein vor. Könnten Sie sagen, ob Sie Ähnliches empfunden
haben?") Beim *Typ B* des Nachgesprächs wird die Klärung meist nicht
darin bestehen können, daß alle einen gemeinsamen Standpunkt gefunden haben, wohl aber darin, daß die Meinungsunterschiede präzi-
siert und auf ihre impliziten Voraussetzungen und die darin beschlos-
senen Konsequenzen befragt worden sind.
– Schließlich ist es Aufgabe des Leiters, das Gespräch zu *beschließen*.
Beim Gesprächstyp *B* kann ich keine bestimmte Form hierfür ange-
ben. Beim *Typ A* dagegen hat es sich bewährt, die Hörer noch einmal
zu bitten, konkrete Wünsche an den Prediger zu formulieren, z. B.:
„Der Prediger hat jetzt sehr viel von Ihnen gehört, vielleicht mehr, als
er sich merken konnte. Es würde ihm sicher helfen, wenn sie noch

einmal in einem Satz zusammenfassen können, was Ihnen gefallen hat, was er also weiter so machen soll – und was Sie sich für die Zukunft anders wünschen."

Aufgabe des Leiters ist es auch, darauf zu achten, daß die vereinbarte Zeit nicht wesentlich überschritten wird, oder daß zumindest den Gesprächsteilnehmern, die gehen möchten, die Gelegenheit dazu gegeben wird. Nicht zuletzt aber dankt er allen, die zum Gelingen des Gesprächs beigetragen haben: dem Prediger, denen, die sich am Gespräch aktiv beteiligt, aber auch denen, die ihr Interesse durch aufmerksames Zuhören bekundet haben.

Josef Pietron

HERAUSGEBER

Heinzgerd Brakmann, Postfach 18 01 36, D-5300 Bonn 1
Albert Damblon, Liebfrauenstraße 12, D-4050 MG-Neuwerk
Prof. Dr. *Hubert Ritt,* Briller Straße 110, D-5600 Wuppertal 1

MITARBEITER

Prof. Dr. *Adolf Adam,* Waldthausenstraße 52, D-6500 Mainz-Finthen
Pfr. *Josef Anselm Adelmann,* Rosengartenstraße 74,
    D-7000 Stuttgart 1
Prof. Dr. *Ingo Broer,* Klosterstraße 2, D-5901 Wilnsdorf 2
Prof. Dr. *Detlev Dormeyer,* Bahnhofstraße 56 b,
    D-4403 Senden-Bösensell
P. Dr. *Ivan Dugandžić* OFM, Humac 192, YU-79450 Ljubuški
Sr. Dipl.-Theol. *Angela Gamon* OSB, Abtei vom hl. Kreuz/Herstelle,
    D-3472 Beverungen 1
Dr. *Bernd Grandthyll,* Weinstraße 13, D-6601 Saarbrücken-Bübingen
P. *Peter Hitzelberger,* Matthias-Ehrenfried-Straße 2,
    D-8700 Würzburg
Dozent Dr. *Peter Hofrichter,* Wallmannhofstraße 3, A-5400 Hallein
Prof. Dr. *Karl Jaroš,* Würthgasse 2 a/16, A-1190 Wien
Pfr. Dr. *Herbert Kaefer,* Germanusstraße 4 a, D-5100 Aachen
Pfr. Dr. *Ferdinand Kerstiens,* Drewer Straße 54, D-4370 Marl
Dipl.-Theol. *Martin Klöckener,* Grüner Weg 21, D-4799 Borchen
Anneliese Knippenkötter, Parkstraße 31, D-4000 Düsseldorf 30
Dr. *Heribert Lehenhofer,* Friedrich-Engels-Platz 21/4/6/21,
    A-1200 Wien
Dipl.-Theol. *Karl Martin Leicht,* Koppenhofgasse 8 a,
    D-8600 Bamberg
Dr. *Klaus-Bernd Müller,* Postfach 15 44, D-4420 Coesfeld
Dr. *Josef Pietron,* Reichswaldallee 23 a, D-4000 Düsseldorf 30
Dozent Dr. *Walter Radl,* Bocholter Straße 1, D-4000 Düsseldorf 30
Prof. Dr. *Hermann Reifenberg,* Kunigundendamm 64,
    D-8600 Bamberg
Prof. P. Dr. *Josef Schmitz* CSsR, Waldstraße 9, D-5202 Hennef 1
P. *Roland Schönfelder* CSsR, Geiersberg 10, D-6330 Wetzlar
Mag. *Wolfgang Schwarz,* Ungargasse 38/33, A-1030 Wien
Dipl.-Theol. *Maria Tigges-Mayer,* Friedrichstraße 58, D-5300 Bonn 1
Dr. *Maria Trautmann,* Wittelsbacher Platz 2, D-8700 Würzburg
Kaplan *Josef Voß,* Forster Linde 3, D-5100 Aachen
Josef Voußen, An der Mariensäule 7, D-5110 Alsdorf